# 一流の男 一流の風格

あの人はなぜ、一目置かれるのか

中谷彰宏

日本実業出版社

ふだんの
生き方に
品格が出る
中谷彰宏

あきひろ

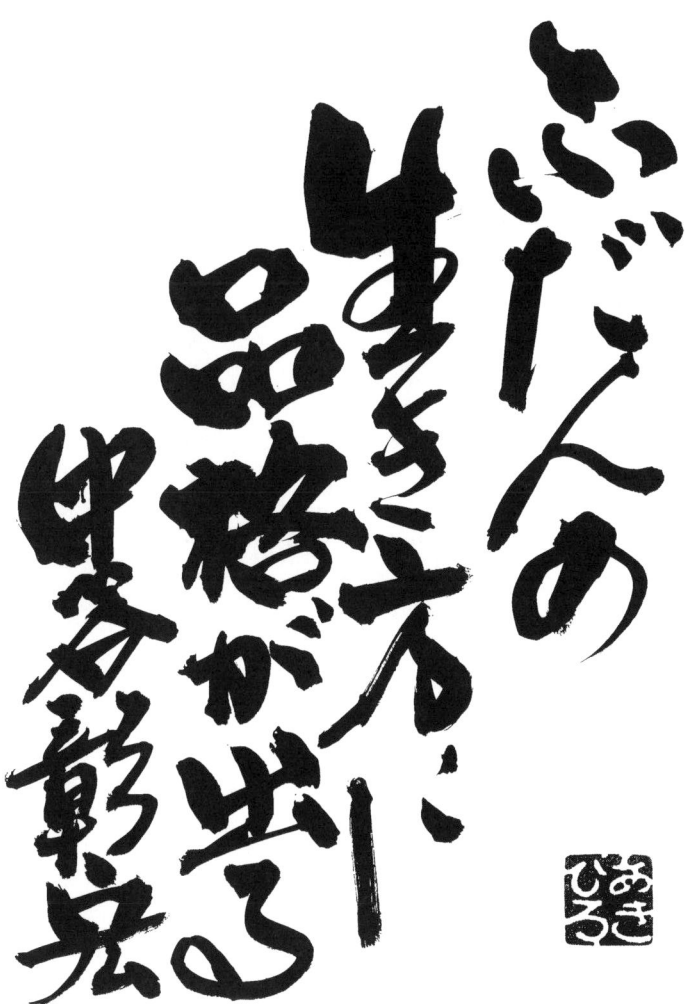

**この本は、３人のために書きました。**

①一流の品格を、身につけたい人。

②一流の正解が、わからない人。

③大切な人に、一流の品格を身につけてほしい人。

01

はじめに

# サラリーマンのマナーと、ビジネスマンのマナーは違う。

新入社員の新人研修でマナーを教わります。

**あれはサラリーマンのマナーです。**

マナーには「サラリーマンのマナー」と「ビジネスマンのマナー」とがあります。

そもそもサラリーマンとビジネスマンの区別がついていないのです。

ビジネスマンは、本来、経営者、リーダーのことです。

サラリーマンの上限は係長です。

新人研修では、すぐれた係長になるため、中間管理職になるためのマナーを教わっているのです。

世界でリーダーとして扱われるためのマナーは、一切教わっていません。

それを教えるプログラムが会社の中にないのです。

世の中には、マナー講座があまたあります。

それも全部サラリーマンのためのものです。

女性なら、メイドさんをつくるためのマナーです。

女主人になるためのプロトコールを教えているところは、なかなかありません。

それを教えられる人がいないのです。

サラリーマンとビジネスマンのマナーとでは、ある1つのことを取り上げた時に真逆になることもあります。

マナーは1つではありません。

ワンステップ上のマナーになると、やるべきことがまったく逆になるのです。

私の本を読んで、「会社で習ったのと違う」と言う人がいます。

違うのは当然です。

**私の本は、世界でリーダーになるため、世界で成功するため、一流の男になるための本です。**

二流の男はマナーがないのではありません。

二流の男のマナーしか学んでいないのです。

一流の風格をつけるために 01

**職業を変えるより、マナーを変えよう。**

# 一流の『風格』の作法

01　職業を変えるより、マナーを変えよう。
02　名刺を出さずに、挨拶しよう。
03　名刺より、相手を見よう。
04　出されたモノは、すぐいただこう。
05　一次会で、帰ろう。
06　下座にばかり座らない。
07　自己責任をとろう。
08　会社の格好のままで、パーティーに行かない。
09　パーティーで、仕事の話をしない。
10　ヘタなことが、堂々とできる。
11　ケータイを見ているところを見せない。

40 「しなくていいこと」を教えよう。
41 身銭を、切ろう。
42 余裕のない時から、まわりの人にお金をかけよう。
43 「高い」と思った時、「安い」と言おう。
44 他人より、自分に賭けよう。
45 飾りよりも、見えない本体にお金をかける。
46 たまには、おごられよう。
47 喜んで、払おう。
48 二流だなと思うことをしない。
49 師匠を持とう。
50 ニセモノ100個より、ホンモノ1個を持とう。
51 取っておかないで、使おう。
52 高いモノのよさを学ぼう。
53 お金を使って、勉強しよう。

Contents

# 一流の男　一流の風格



## 1章 一流の男は、名刺を帰りがけに出す。

### エグゼクティブのための「本物」のマナー

# 2章 一流の男は、見ただけでわかる。

## 初対面でオーラを感じる「印象」のつくり方

## 3章

# 一流の男は、話が短い。

### 信頼される人のコミュニケーション術



## 4章

# 一流の男は、嫌われることを恐れない。

### 誰からも頼りにされるリーダーシップ

# 5章 一流の男は、貯金をまわりの人にする。

## 本当の価値を知る人の「お金」の使い方

# 6章 一流の男には、師匠がいる。

## 頂点に立つ人の「自分」の磨き方

# 7章 一流の男は、気づかれないことを誇りにする。
## いつも余裕を感じさせる人の「心」のあり方




カバーデザイン◎吉村朋子
カバー写真撮影◎相澤正
本文デザイン◎新田由起子（ムーブ）
本文ＤＴＰ◎ムーブ

# 1章

# 一流の男は、名刺を帰りがけに出す。

♛エグゼクティブのための「本物」のマナー

02

# 一流の男は、名刺を帰りがけに出す。

一流の男は、名刺を別れぎわに出します。

全員には名刺を渡さないのです。

A社の5人、B社の5人の5対5で名刺を交換している様子は、どう見ても一流ではありません。

「渡しましたっけ」と確認したり、渡し漏れがないかキョロキョロして、テーブルの上に名刺をズラッと並べて打ち合わせをするのは、どう見ても一流ではありません。

持って帰っても、誰が誰だかわかりません。

キャバクラの名刺とたいして変わらないことになっているのです。

キャバクラの名刺には電話番号が書かれていません。

その場で手書きしてくれるのです。

このほうが、まだ高級感があります。


誰が誰だかわからなくなってしまうところでは名刺を出さないことです。

みんなが出している時には出さないのです。

**全員ではなく、「この人」と決めた人だけに渡します。**


「名刺を下さい」と言う人も、一流にはなれません。

私のところに来て「名刺交換させていただけますか」と言う人は、今ここで1人に渡したら、みんなに渡すことになるという空気が読めないのです。

連絡しようと思えばいくらでも連絡のしようはあります。

今は情報化社会です。

ホームページを見れば、何らかのインフォにアクセスできます。

「名刺を下さい」と言う人からは連絡が来ません。

名刺のコレクターだからです。

そこで名刺を出さない人だけが覚えられます。

**名刺を出している人たちは初めから脱落しています。**

名刺に頼らないやりとりがあるのです。

二流の男は、人間と人間が話をしていません。

名刺をつき合わせながら「御社の○○さんには非常にお世話になっております」、「こちらこそ御社の○○さんには」というのは、会社と会社の話です。

名刺と名刺が話していて、人間が名刺のお付きの人になっています。

握手をベースにした欧米の世界ルールに、名刺を出す習慣はありません。

名刺を出したら、握手ができなくなります。

パーティーのドリンクを持っていようものなら、名刺は邪魔になります。

名刺を出してペコペコしていると、その場ですぐに「この人は労働者階級だ」と見られます。

ジャケットを脱いでいるのも労働者階級に見られます。

私のビジネススクールのクラスでは、ジャケット・ネクタイ着用です。

これに慣れておかないと、海外で、つい油断してジャケットを脱ぎ、ネクタイを取ります。

**そのとたんに、どんなに自分ではビジネスクラスのつもりでも、初めて会った人は労働者と解釈します。**

「ビジネスマン」とは、働く人全員を指すわけではありません。

飛行機のビジネスクラスとは、会社役員クラスのことです。

海外では、CEO・COO・バイスプレジデントがビジネスマンと呼ばれます。

ビジネスクラスに乗っているのがビジネスマンではないのです。

一流の風格をつけるために 02

## 名刺を出さずに、挨拶しよう。

03

# 一流の男は、胸を張って、名刺を出す。

ある経営コンサルタントは「ケータイを持ち歩かないんです」、「ケータイを持っていないんです」、「名刺もつくっていないんです」と言います。
よっぽど売れているということです。

売れて有名な人は名刺を持っていません。
名刺などなくても誰だかわかります。

一流の人と二流の人は、名刺を見ればわかります。

二流の男の名刺は、「この文字数は校正が大変だ」というほど情報が入っています。
どこに送ればいいのかわからないくらいメールアドレスが並んでいます。
肩書がたくさん書かれています。

親分さんは、いかに一流に見せるかを研究しています。
いかに威厳を見せるか文化的に研究をきわめているのです。
親分さんの名刺に書かれているのは名前だけです。
電話番号は入っていません。
役職名も入っていません。
名前だけというところに威圧感があります。

**連絡先と役職名がびっしり書かれていて、裏にも宣伝がたくさん入っている名刺は、駅で配っているチラシと同じです。**
恵比寿の駅を出ると、マッサージや美容室のビラをたくさん渡されます。

パーティーでの名刺交換は、チラシまきと同じことをしています。
会ったらすぐ名刺を出すのは、とてもチープに見えることなのです。

一流の風格をつけるために
03

## 名刺より、相手を見よう。

04

# 一流の男は、出されたお茶を、すぐ飲む。

出してくれた人の厚意は受け取るのがマナーです。

お茶のマナーで大切なのは、新人社員研修で習った通りにすることではないのです。

出されたお茶をすぐ飲むことです。

出した側は、ベストの状態で出しています。

**それをすぐ飲むのが厚意への返礼です。**

形ではなく、心です。

出されたお寿司は、すぐ食べます。

出されたお料理は、すぐ食べます。
これが、つくり手へのリスペクトです。
「冷めても飲みます」と言われると、相手も出しがいがなくなります。
一生懸命つくっている人へのリスペクトを持つことが大切なのです。

一流の風格をつけるために
04

## 出されたモノは、すぐいただこう。

05

# 一流の男は、さっと帰る。

二流の男は、遅れて来て、二次会、三次会まで出ます。
夜、7時から9時のパーティーなら9時までいます。

パーティーは、最初も最後も同じです。
主催者に挨拶するなら、開始前の時間が狙い目です。
7時から開始だとしたら、7時ちょっと前に来ればいいのです。
パーティーが始まってしまうと、スピーチなどがあって話ができなくなります。
スピーチは30分ぐらい時間がとられます。

ご歓談になったとしても、みんなが挨拶に行くから会えません。

一流の男は、早めに来て、さっさと帰ります。

**一流の男の滞在時間は短いのです。**

帰ってすぐ仕事をしたいからです。

二流の男は、一次会の最後までいて、二次会、三次会の最後までいるメンバーになっています。

本人はしっかりつき合っているつもりになっています。

まわりから「あの人、いつまでも帰らないよね」と言われていることに気づいていません。

一番迷惑なのは、ホームパーティーで最後までいる人です。

あとは家族だけになって、早く片づけたいのがわからないのです。

「お時間大丈夫ですか」と何度も聞いても、「まだ大丈夫です」と言って、家族のような顔をして最後までごはんを食べています。

さっと帰る人のほうが、「つき合いが悪い」とは言われません。

政治家は、会場に来て、「すみません、あとがありますので」と言って、さっと帰ります。

**あとがなくても、さっと帰ることで、「忙しいのに来てくれた」という印象だけが残ります。**

政治家の世界では、そういうパフォーマンスが研究されているのです。

一流の男も、さっと来てさっと帰ります。

長居しないのです。

私の実家のスナックでは、オシャレな人は、さっと来て、1杯飲んで、さっと払って、さっと帰っていました。
ゲイバーのママさんが一番困るのは、お店へ来て、寝られることです。
「寝てもいいですけど、倍づけですからね」と言うママさんもいます。
お店にとって長っ尻は、それくらい迷惑なことなのです。

一流の風格をつけるために 05

## 一次会で、帰ろう。

06

# 一流の男は、勧められた上座に、さっと座る。

上座に座るように勧められることがあります。
その時、一流の人はその席にさっと座ります。

自分が上座に座ることでみんなが安定する瞬間があります。
「いえ、私はこっちでいいですから」と固辞して下座に座ると、みんなが落ちつかなくなります。

自分がどうすれば、みんなが心地いい状態にいられるか、瞬時にその場の状況を判断できるのが、一流の男です。

これがサラリーマンのマナーと違うところです。

サラリーマンのマナーでは、席の順番が1、2、3、4、5と決められていても、その場の状況でまったく変わります。

今、自分がここに座らないと、みんながいつまでたっても座れないという流れの時があるのです。

上座に座るのは、心地悪いものです。

威張っているように見られたらどうしようと、ドキドキします。

**自分が上座に座ることでみんなが早く座れるというシチュエーションでは上座に座り、下座に座ることでみんなが居心地悪くなく座れるなら下座に座ればいいのです。**

どこにでも座れるのが、一流の男です。

勝新太郎さんは、クラブに行くと、スツールに座って、氷を入れてみんなの水割をつくっていたそうです。

これが勝新太郎さんのすごさです。

勝新太郎さんに「おまえはここに座れ」と上座を指示されたら、素直に座れる男が一流です。

「ワーッ、勝さんがスツールに座って自分が上座になんて座れない」とビクついている場合ではないのです。

その場のホストに当たる人（主人）が、今日はこういう演出で行こうと趣向を決めて、「ここに座れ」と指定しているのです。

その趣向に従って、全員の座る場所が決まるのです。

サラリーマンのヘンなマナーにこだわっていると、「ここは下座だから私はここ。途中トイレに行きますから、失礼する時に邪魔になるといけない」、「偉い人がたくさんいるのに、若輩者の私がそんなところに」とグジャグジャ言います。

**その場の趣向が理解できていないのです。**

パーティーで、手前のところに固まることほど主催者にとって迷惑なことはありません。

入口が混み合って、奥の偉い人用のテーブルがガラ空きになっていると、会が盛り上がらないのです。

あえて自分がそこに行くことで、みんなの呼び水になれば、主催者にも「あの人が来てくれると本当に助かる」と喜んでもらえます。

ゲストでありながら主催者の気持ちもわかることが大切なのです。

一流の風格をつけるために 06

## 下座にばかり座らない。

07

# 一流の男は、遅れた言いわけをしない。

言いわけで一番多いのは、時間に遅れたケースです。

二流の男は具体的に言いわけします。

「出がけに電話がかかってきて」、「上司につかまって」と言うのです。

高倉健さんは「出がけに電話がかかってきて」とは言いません。

**「すみません、遅れました」だけです。**

いくら言いわけをしても、待たされた人達は納得しません。

言いわけすればするほど、筋道が通っていればいるほど、器の小ささをうかがわせます。

遅れた理由は漠然としていていいのです。

言いわけせずに、「遅れました。すみません。お待たせしました」で十分です。

言いわけは、自分を正当化しようとしています。

「なぜ遅れたかと言うと、つかまえた上司が長話をしたからで、私は悪くない」と言っているにすぎないので、小さく見えるのです。

**一流の男は、誰かのせいにせず責任を全部自分で背負います。**

「上司につかまった」、「電話でつかまった」、「面倒くさいお客様が来た」は、誰かのせいにしています。

「だから遅れた私は悪くない」というのは、チマチマしています。

どんなことにも言いわけしないことです。

一流の風格をつけるために 07

## 自己責任をとろう。

自己責任のカッコよさを出せるのが一流の男です。

**遅れた時は、言いわけしないカッコいい人になるチャンスです。**

冷たいのか温かいのかわからない雰囲気が出ます。

先にいた側は、言いわけを求めてはいないのです。

「外にいて寒くなかった?」と聞くほうが、相手を思いやっています。

「ごめんね。早くどこかへ入って温かいものを食べよう」と言われるほうが、うれしくなります。

なぜ遅れたかよりも、このあとの話のほうが大切なのです。

08

# 一流の男は、パーティーに会社を持ち込まない。

あるパーティーに、ちっともオシャレではない男性が来ていました。
パーティーであるにもかかわらず、会社へ行く格好で来ているのです。
これは、パーティーの主催者に対するリスペクトが欠けています。

パーティーでは、なんでもいいからふだんとは違うものを服装に取り入れます。
パーティーに来るなら、何か変えることです。
ポケットチーフやカフス、眼鏡のような小物を変えるだけでいいのです。
会社のいつものバッチを何か違うバッチに変えるのでもＯＫです。

仕事している会社の空気をそのままパーティーに持ち込まない配慮がいるのです。

せめてネクタイはします。

クールビズでネクタイを取るなら、ネクタイを外しても見映えのするシャツを着ます。

**シャツは、姿勢がものを言います。**

ワイシャツが決まるための姿勢があるのです。

スーツやワイシャツ・ネクタイの外国人がカッコいいのは、狩猟民族の姿勢があるからです。

筋肉ではありません。

骨です。

筋肉をつけても、骨格をきちんとしないと、ゴリラ体形になります。

日本人も、着物を着ると姿勢がよくなります。
着物を着てダサい格好にはなりません。
どうしても姿勢がよくなるようにできているのです。
服装に合わせたよい姿勢が、カッコよさになるのです。

一流の風格をつけるために
08

## 会社の格好のままで、パーティーに行かない。

09

# 一流の男は、パーティー会場で、座らない。

二流の男は、パーティーですぐ座ります。

「椅子がない」と文句を言う人もいます。

一流の男は、パーティーでは座りません。

椅子は、バッグを置いたり、気分が悪くなった人や高齢者のために用意してあるものです。

招かれた男性が座る場所ではないのです。

二流の人は、会社帰りの格好のままで来て、すぐ椅子に座ります。
パーティーなのに「ビール」と言います。
ビールを飲んでもマナー違反ではありません。
会社の同僚と帰りに居酒屋で飲むなら「ビール」でもいいのです。
パーティーで「ビール」はオシャレではありません。

二流の男は、いったん座ると、そこから動かなくなります。
女性に何のフォローもせず、男同士で延々と話し込んでいます。
席を立つのは、ビールのおかわりを取りに行ったり、トイレに行く時だけです。
しているのは仕事の話ばかりです。
会社帰りの赤ちょうちんなら、それでもいいのです。
ふらっと入った飲み屋とパーティーの区別がついていないのです。

パーティーで大切なのは、

**①座らない**
**②1か所に滞留しない**
**③男性同士でいない**
**④仕事の話をしない**

の4つです。

立食型のパーティーで、ちょっと高めのテーブルや丸テーブルが置かれているのに、会社単位で固まるのもマナー違反です。

これが、一流と二流の分かれ道なのです。

一流の風格をつけるために 09

## パーティーで、仕事の話をしない。

10

# 一流の男は、踊れなくてもフロアに出る。

ダンスパーティーで、一流の人はダンスが踊れるか踊れないかは関係ないのです。

踊れればもちろんオシャレです。

海外ではダンスパーティーはつきものです。

踊れなくてもフロアに出てきて踊っている人が一流のオシャレです。

あるパーティーで、イタリアの商工会議所の会頭が、1曲目で一番最初にフロアに出てきました。

さすがイタリアの商工会議所の会頭ともなると、ダンスのたしなみがあるのだと見ていました。

ところが、まったく踊れないのです。

まったく踊れなくても、フロアに出てくるのがカッコいいのです。

カラオケの一番乗りでヘタな歌を歌うのと同じくらいのカッコよさです。

**ヘタなのにできるのが、一流の男です。**


ダンスパーティーで大切なのは、フロアに出ることです。

ダンスパーティーなのに、フロアに出ないで、ビールを飲みながらふんぞり返っているのは最も失礼です。

パーティーでの名刺交換もオシャレではありません。

フロアの真ん中で名刺交換など、もってのほかです。

パーティーは何をするところか理解していません。

踊っている人の邪魔になっていることもわかっていないのです。

一流の風格をつけるために 10

## ヘタなことが、堂々とできる。

11

# 人前で、ケータイを見ない。

パーティー会場でケータイのメールチェックをするのは、オシャレを台なしにしています。

男女を問わず二流に見られます。

人前でケータイを見るのはオシャレではないのです。

電車の中で化粧をしている女性と同じです。

一流の男は、人に見られないところへ行ってケータイを見ます。

一流の男は、ケータイを持ち歩きません。

ケータイなどいらないのです。

ケータイは、労働者階級の持物です。

昔はポケベルが労働者階級の象徴でした。

サラリーマンがサボって公園や喫茶店で寝ていないように、ポケベルを持たせて、「今どこ。すぐ戻れ」と連絡がとれるようにしていました。

ポケベルは縛る道具だったのです。


**今はケータイに縛られています。**

ケータイを持っていると、お金持に見えません。

一流の男に見えないのです。

どんなに使いこなしていても、宝石をちりばめたデコレーションをしていても、ケータイは二流のあかしです。

僕の知っているケータイ関連の会社の社長は、ケータイ関連の会社の社長であるにもかかわらず、ケータイは持っていません。

伸び伸び仕事をして、縛られていないのです。

1分1秒ごとにケータイを確認しないと落ちつかないような、小さい仕事はしていないのです。


**仕事の仕方が小さいのは、休みが取れない人と同じです。**

何かしていないと落ちつかないのです。


ケータイを持たないのは精神的なものです。

二流の男はケータイを持たずに行動できなくなっています。

ケータイ依存症になっているのです。

お酒もギャンブルもいいのですが、依存症にはならないことです。

ケータイを使っても、依存症にならないことが大切です。

パソコンを使ってもいいし、インターネットでフェイスブックをやってもいいのです。

依存症にならないことです。

そのものを持つことがいいか悪いかではないのです。

**依存症になったら、結局そのものの奴隷です。**

ないと何もできなくなります。

本を書くのが仕事なら、一流の男は、パソコンがパンクしたら手で書きます。

パソコンがなくても何も問題ありません。

これが作家です。

パソコンがないから書けないというのは作家ではありません。

大切なものがなくなったら、代替案でいけばいいのです。

自力で、いくらでもフリーハンドでできるのが、依存していないということです。

最初は便利な道具を使いこなしているつもりでいても、いつの間にか主従が逆転していることがあります。

毎日メールをチェックしないと落ちつかない状態は、メールに振り回されているのと同じです。

「結局何をやっていたの」ということになるのです。

一流の風格をつけるために 11

## ケータイを見ているところを見せない。

12

# 一流の男は、腕組をしない。

オープンマインドをアピールするには、手を広げて、手のひらが見えた状態にします。

オバマ大統領が話す時は、いつも手のひらを見せています。

「ハーイ」と言うミッキーマウスも手のひらを見せています。

一流の男は、オープンマインドです。

**いつでも入ってきてくださいという受入れ態勢をつくることができます。**

股間の前で手を組むのは二流の男、またはサラリーマンのスタイルです。

人前での腕組は、ブロックを意味します。

写真を撮る時や待っている時に腕を組むと、自信のなさが出ます。

心配があると自分の体に触れるということは、心理分析でも科学的に証明されています。

赤ちゃんのおしゃぶりと同じです。

自分の体に触れるということは、お母さんのおっぱいのかわりを求めているのです。

不安な状態にある人は、顔や髪の毛など、体のどこかをさわっています。

腕組をしている男性は、威張っているように見えて、実は脅えています。

一流の男が腕組をしないのは、不安な状態にないという余裕の現われなのです。

一流の風格をつけるために 12

**ポケットに手を入れない。**

# 2章

# 一流の男は、見ただけでわかる。

初対面でオーラを感じる「印象」のつくり方

13

# 一流の男は、見ただけでわかる。

一流の男か二流の男かは、見ただけでわかります。

見分け方はいりません。

何かをして初めて差がつくと思い込んでいるのは、二流の発想です。

ココ一番で何かできるということではありません。

一流の男は、寝ていてもだらしない格好をしていても一流であることがわかります。

007の映画で、ジェームズ・ボンドが敵に捕まります。

辛くも脱出して、ボロボロの格好で香港のホテルにたどり着きます。

ここでホテルの総支配人がさっと出てきて、スイートルームへ案内します。

これは「イギリス」というものを描いています。

ちゃんとしたお客様が来たことがわかるのです。


日本では、一流と二流の差をつける場面が少ないのです。

あるとしたら、京都ぐらいです。

京都は「一見さんお断り」と思われています。

あれは大義名分です。

**本当は「二流の人お断り」です。**

「あなたは二流なのでお断りします」と言うと感じが悪いので、京都ではワンクッション置いた言い方をしているのです。

前に来た人でも、二流だったらアウトなのです。

一流の風格をつけるために 13

## 見られている意識を持とう。

14

# 入ってきた時の立ち居ふるまいで、どこに案内されるかが決まる。

ヨーロッパ社会では、「一見さんお断り」は当たり前です。
五つ星ホテルに行って、「たいしたことなかった」と言う人がいます。
それはメイド部屋に案内されたからです。
態度が悪かったので、そういう扱いを受けたのです。

ホテルやレストランは、そのお客様が一流か二流かを最初に見抜きます。
日本では、名刺に書かれた会社名や役職で判断されます。
ヨーロッパでは、名刺は一切関係ありません。

立ち居ふるまいが、その人の名刺です。

名刺に頼っていると、会社や肩書で判断されることに慣れてしまいます。

これは日本国内のローカルルールです。

**世界では「だから何？」と言われるのです。**

ヨーロッパのホテルには、「コネクティングルーム」といって、ご主人さまの部屋の隣に必ず小さいメイド部屋があります。

ヨーロッパでは大きい部屋と小さい部屋があって、小さいほうにお付きの人が泊まります。

ご主人様から何か頼まれたらすぐ行けるように、つながりの部屋になっています。

横柄な態度の客はコネクティングルームに案内されるのです。

「たいしたことなかった」と言う人は、そのホテルが「たいしたことなかった」のではなく、残念ながら、そういう扱いを受けたのです。

ひょっとしたら、カジュアルな格好でホテルへ行ってしまった可能性があります。

飛行機の中では、普通はちゃんとした格好はしていません。

その格好のままホテルに行ってしまったのです。

どんなにヴィトンのハードケースを持っていても、「ご主人様の荷物を持っている召使だな」と思われます。

持物では判断されないのです。

女性の場合はストリートガールだと判断されます。

いい服を着て、いいバッグを持っているのに立ち居ふるまいがだらしないのは、ストリートガールの象徴です。


世界に行くと、人種はまったく関係ありません。

よく「日本人だからバカにされた」と言いますが、それは違います。

**ちゃんとした人とそうではない人を、世界はきちんと分けているのです。**

ただ立っているだけ、ただ座っているだけで、一流と二流の勝負はついています。

二流の人は、何もしなければ差がつかないと思い込んでいます。

世界に出るためには英語力が重要だとみんな思っています。

英語はもちろん大切です。

**英語ができてもマナーが悪ければ、レストランでトイレの横の席に案内されます。**

予約が遅かったからではありません。

レセプショニストがその人を見て席を決めているのです。

どこの席に案内するかは、入ってくる時の立ち居ふるまいで決まるのです。

まずは、同伴している女性に、丁寧であること。

次に、受付のレセプショニストに丁寧であること。

「受付のおネエちゃん」という横柄な態度では、トイレの横の席にされてしまいます。

二流の人は、レストランでどこが上座かわかっていません。

レストランはセンターテーブルが上座です。

一流の風格をつけるために 14

# 肩書は通用しないことを知ろう。

レストランの真ん中に花があって、花の横がメインテーブルです。
日本人は隅っこが好きです。
隅っこは下座です。
隅っこの窓際に案内されて喜んでいます。
こっそり日本人用の席に案内されているのです。

15

# 一流の男は、服が目立たない。

一流の男は、いいモノを着ています。
それでも、服が目立ちません。
服が目立つのは、姿勢が服に負けているということです。
着慣れていなくて、七五三状態です。
タキシードを着ると、ウエイターさんに間違われます。
ふだんからいいモノを着ていないと、服が目立ちます。
その服を着こなしていないのです。

着こなすまでは服に負けます。

**負けるぐらい、いいモノを着ることです。**

エーッと抵抗を感じるくらいの服を着こなしていくのです。

学校の校長先生は、モーニングを着こなしています。

いろいろな式典で着ているからです。

校長先生以外でモーニングを着るのは、結婚式のお父さんくらいです。

どんなにすごい服でも、回数を重ねることで着こなせます。

それが軍服であり、ユニホームになるのです。

その服をどれだけ着こなしているかで、その人が一流か二流かわかります。

野球のスカウトマンは、ユニホームの着こなしも見るそうです。

ユニホームをきちんと着こなしている選手は伸びるのです。

ユニホームの着こなしのだらしない選手は伸びません。


ビジネスマンも、ネクタイの締め方、シャツやスーツの着こなしでわかります。

ジャストサイズで、きつめのものをきちんと着ている人は、一流です。


たいていの人は緩めのものを着ています。

ビジネススクールのビジネスマナー講座でさえ、みんなベルトが緩めです。

オバチャンのゴムのパンツやスエットパンツと同じ状態になっているのです。

「ズボンがちょっとずり落ちているよ。ベルトをちゃんと締めてごらん」と言うと、穴2つくらい締まります。

穴は1個1インチです。

2つということは5センチです。

5センチ緩く履いているのです。

靴のヒモは、結んだままで脱いだり履いたりできるようになっています。
ユルユルにしているのです。
それは着こなしていることになりません。
いい服を着ると、服が目立ちます。
**一見して服が目立っているのは、人間が服に負けているのです。**
クルマが浮いている人、時計が浮いている人もいます。
持主が、持物に負けているのです。

いいモノを持ったら、とっておかないで、ふだん使いをしていくことです。
ココ一番の特別な日だけでは着こなせません。
ふだんから使っておかないと、いざという時に負けます。
回数が大切なのです。

一流の風格をつけるために 15

## 服に負けない、いい姿勢を持とう。

16

# 一流の男は、スーツのポケットにモノを入れない。

パーティーで着用するタキシードにも燕尾服にも、ポケットがありません。

ペンを差すところもありません。

タキシードを着る場では、ケータイを持つ必要もないし、名刺入れも要らないので、ポケットなどいらないのです。

そもそもポケットはモノを入れる場所ではないのです。

二流の男は、ポケットがパンパンです。

男性は、バッグを持たないかわりに、ついポケットになんでも入れます。

ケータイは、どんなに軽くなっても、ポケットに入れると服の形もファッションも崩れます。

私の父親は、ケータイを持たせた時に、ずっと家に置いたままでした。

「服の形が崩れるから」と言うのです。

「緊急の連絡に必要だから」とケータイを買って渡しても、家に置きっ放しにしていました。

オシャレへのこだわりで、ケータイを持たないのです。

**便利でラクを選ぶと、一流ではなくなります。**

一流は、どこか不便です。

やせガマンにダンディズムがあるのです。

一流の風格をつけるために 16

**やせガマンしよう。**

17

# 一流の男は、真夏でもジャケット・ネクタイを取らない。

今、日本はクールビズです。
結婚式までクールビズです。
ノーネクタイでは結婚式感がありません。
ここで一流と二流に分かれます。

二流の男は、いつでもノーネクタイで来ます。
一流の男は、タキシードにノーネクタイで来ます。
きちんとした服装を崩せるのです。

二流の男は、ふだん会社に行っているそのままの、だらしない格好でパーティー会場に来ます。

下から上へ上げているのです。

**崩すというのは、上からおろすものです。**

私は、エナメルの靴を「ふだん使い」します。

これは、上からおろしているのです。

ジーンズでもエナメルの靴を履きます。

二流の男は、すぐジャケットを脱いでシャツ姿になりたがります。

シャツは下着です。

パンツが生まれたのは、つい最近です。

シャツは、身ごろが長くつくられています。

長くつくられている部分がパンツの役割をしていたからです。

シャツ・アンド・パンツなのです。

上着を脱いだら、パンツ1枚の状態になるのです。

結婚式でタキシードを脱ぐのはオシャレではありません。

結婚式でパンイチは失礼です。


外国人は、日本の猛烈な湿度と暑さにも、ジャケットを脱ぎません。

ジャケットを脱ぐ人は、暑いからではなくて合ったジャケットを着ていないのです。

苦しくて脱いでいるのです。

ジャケットをオーダーメードしていれば、自分の肌の感覚で、ネクタイもジャケットもまったく苦しくありません。

イギリス人は朝からネクタイをしてごはんを食べています。

一流の男は、真夏でもジャケットにネクタイです。

気取っているわけではなくて、苦にならないのです。

一流の風格をつけるために 17

## 人前で、ジャケットを脱がない。

18

# きちんとした服装でレストランに行くのは、つくってくれている人へのリスペクト。

私はB級グルメが好きで、洋食屋さんによくごはんを食べに行きます。
老舗の洋食屋さんで、一流レストランです。
お店の人には「いつもきちんとしていらっしゃいますね」と言われます。
これは、おいしいものを食べさせてもらえるお店へのリスペクトなのです。
**自分のためではなくて、相手のためです。**
お店に対して失礼のないようにしているのです。
よそのお宅にお邪魔する時には、きちんとした格好をするのと同じです。
おいしいオムライスをつくってくださるお店のシェフに対するリスペクトとして、

きちんとした格好で行くのです。

オムライスだったらジーパンでいいだろうという話ではないのです。

相手に対するリスペクトが、ジャケット・ネクタイ着用です。

ふだんジャケット・ネクタイ着用に慣れていれば、ムリもなければ苦しくもありません。

つらく感じるのは、ふだんやっていないということなのです。

一流の風格をつけるために 18

## レストランに、リスペクトを持とう。

19

# 一流の男は、歩くのが速いのに、急いでいる感じがしない。

一流の男は、歩くスピードが速いです。

日本人の歩くスピードは、世界のレベルの中では圧倒的に遅い部類に入ります。

お昼休みに、ごはんを食べて爪ようじをくわえながらノターッと歩くオジサンの歩き方になっているのです。

スピーディーに進むには、大きくゆったり歩きます。

姿勢よく大またで歩くと、スピードがグンと上がります。

それでいて速く歩いている感じがしないのです。

一流の風格をつけるために 19

# 大またで、ゆったり歩こう。

ニューヨーカーは、手になみなみとコーヒーの入ったスターバックスのタンブラーを持って、ひとしずくもこぼさずに猛烈なスピードで歩きます。

日本人は歩くのが速いと思い込んでいると、世界のレベルに仰天します。

廊下を歩くスピードも、通勤するスピードも、日本人は遅いのです。

香港の人達も姿勢よく速く歩きます。

胸を張って、大きなストライドで、さっさと歩きます。

歩くスピードだけ上げようとすると、ちょこまかして見えます。

姿勢がよくならないと一歩が大またになりません。

**一歩の歩幅で年収が決まるのです。**

スピーディーに、エレガントな大またで歩くことが大切なのです。

20

# 一流の男は、左右均等に、笑う。

一流の男は、左右均等に笑います。
悪役は片側だけで笑います。
シンメトリーを壊しているのです。
微笑みが片側だけか、左右均等かで善玉か悪玉かがわかります。
一流の男は、よく笑います。
ただ笑うのではなくて、左右均等に笑います。

笑い方はクセがつきます。

人間の顔の左右は、本音と建前で成り立っています。
**片側だけで笑うということは、本音と建前がズレているのです。**
本音と建前を使い分けている人は、片側だけでムリヤリ笑います。
しめしめという笑いや、おべっか笑いは、左右均等ではありません。
心の底から笑う人は、左右均等でズレがないのです。
皮だけで笑おうとすると、筋肉が動かないので片側に引きつられます。
左右均等の笑顔は、裏表のない気持ちで、心から笑っています。
ムリヤリつくり笑いをしていないということなのです。

一流の風格をつけるために 20

## 鼻で笑わない。

21

# マナーは、その人の文化度。

ヨーロッパでは、ランク付けは入口で行なわれます。
これが日本のレストランとの違いです。
レセプショニストは、そのレストランの偉い人がやっています。
京都では、水をまいている下足番のおじさんがそれをやっています。
京都に行ったら、常に面接を受けているような感じです。
言葉はやわらかいですが、いつも見られています。
ごまかしようがありません。
ここで気に入られるか、気に入られないかです。

不合格になっても、「不合格」と言わないのが京都の町です。
大阪より、もっと怖いです。
大阪は、ギャグまじりでちゃんと「不合格」と言ってくれます。
京都では、ノせて、ノせて、おちょくられるのです。
大阪の人間でも、ほめているのか、バカにしているのか、わからないのです。
京都の人は、ちゃんとしている人や一流の男に対しては優しいです。
二流の男にはムチャクチャ冷たいです。
**それが文化のある町ということです。**
経済都市とは違います。
そういうところで、日々鍛えられるのです。

平安文学は、文化を説いている文学です。
『源氏物語』では、ルックスはあまり関係ありません。
相手から来た歌の意味がわかり、それにきちんと歌で返せる教養があるかどうかです。

平安時代の夜は、真っ暗なので、顔もスタイルもわかりません。

夜来て、明け方前に帰るのです。

相手の写真もないし、ブログも見られません。

字のうまさとか、唯一、そこでのやりとりでの教養でしかないのです。

**マナーは、結局はその人の文化度です。**

お辞儀の角度を何度にするということでは、決してないのです。

一流の風格をつけるために 21

## 恥ずかしいことをしていることに気づこう。

3章

# 一流の男は、話が短い。

♛信頼される人のコミュニケーション術

22

# 一流の男は、話が短い。

一流の男の話が短いのは、頭がいいからです。
話がヘタなわけではないのです。
相手の一言二言で、その先がすべてわかってしまうのです。

成功している人やお金持は、話が簡潔です。
話の長さと年収は反比例します。
話を短くすると、年収は上がります。
お金持は、一言二言聞けば「なるほど」と、すべてがわかります。

質問が多いと、話が長くなります。

わからないことを自分で考えないからです。

**自分で類推し、仮説を立てることをしないと、「それはどういうことですか」という質問と確認が増えます。**

自分の話も整理できなくて、頭の中がクリアになっていないから、グダグダと長くなります。

コマーシャルの15秒の世界では、100行かかることを1行で言います。

話を短くするために、考えて適切な言葉を選びます。

何も考えなければ、1行で言えるところも100行かかります。

100行言うしかないから話が長くなるのです。

一流の風格をつけるために 22

## 話は3行でまとめよう。

23

# 一流の男は、オチの前に笑う。

一流の男は、言わなくてもいい、よけいなことを全部カットできる力を持っています。

相手の一言で、「なるほど。深いな」、「そういうことか。面白い」と納得できます。

補足説明がいらないのです。

ジョークは頭のよさが求められます。

頭がよくないとジョークで笑えません。

ジョークの笑いには、

**①オチの前に笑う**
**②オチで笑う**
**③「と言うことは？」と説明を求める**

の3段階があります。

①は、一流の男です。
話す側にとってはオチを言わなくても笑ってくれることほど気持ちいいことはありません。

オチで笑うのは、一・五流です。

オチで笑っているのでは遅いのです。

二流は、オチを言っても笑えません。

笑い話は、説明して笑うものではないのです。

「なぜ面白いかと言うとですね」と説明されて、「なるほど、なるほど」と言われても遅いのです。

二流の男は、話のスピード競争に負けます。

私はビジネススクールでビジネスコミュニケーションのクラスを持っています。

クラスでは、つまらない話でいいからスピードを速くしようという指導をしています。


**面白くてゆっくりな話より、つまらなくてスピーディーな話のほうが勝ちです。**

スピードが一番プライオリティーが高いのです。

速くレスポンスして短く話す、これがスピードです。

これにまさるものはないのです。

一流の男は、話が短くて、レスポンスも速く、スピードでチャンスをつかんでいるのです。

一流の風格をつけるために 23

**笑顔で、聞き始めよう。**

24

# 一流の男は、部下に丁寧語で話す。

映画の登場人物で、偉い人と下っぱを見分ける方法があります。
偉い人は必ず丁寧語で話しています。

渡哲也さんは、親分さんをやっても丁寧語のイメージがあります。
渡哲也さんに「オレは納得できねえ」という言葉は浮かびません。
必ず「私は納得できません」と言います。

大切なのは言葉づかいです。

**丁寧語で話す人は、自分の感情をコントロールできています。**

おなかの中では激昂して興奮しています。

にもかかわらず、言葉は丁寧語なのです。

単に敬語を知っているということではありません。

どれだけメンタル力が強いかにかかわっています。

高倉健さんも、三國連太郎さんも、偉い人を演じられる人は、言葉づかいが丁寧です。

横柄なモノの言い方をしても許される立場の人ほど、逆に丁寧です。

一流の男は、部下に対しても丁寧に話せるのです。

一流の風格をつけるために 24

**お店の人に、丁寧語で話そう。**

25

# 一流の男は、うなずきは1回だけ。

「人の話を聞く時は相づちを打ちましょう」と教わります。

ビジネススクールのビジネスコミュニケーション講座でも、貧乏くさい聞き方をする人がたくさんいます。

うなずきが多いのです。

本当に納得している人は、うなずきが1回です。

**ゆっくり、1回うなずくのです。**

一流の風格をつけるために 25

# 「2回うなずき」をしない。

相手の顔色をうかがって媚びている人は、うなずきが多くなります。

ウンウンウンウンと何度も首を縦に振ります。

お母さんの話が面倒くさいと思っている子どもも、横を見ながら「ウンウンウンウン、わかったわかった。お母さん、わかった」と繰り返し首をタテに振ります。

夫婦ゲンカでも、わかっていないのに「わかったわかった」と何度も首を振ります。

得心した人は、「わかった」と1回だけうなずきます。

ゆっくりしたうなずきをするのが、一流の男なのです。

26

# 一流の男は、相手の話に笑う。

一流の男は、面白い話で人を笑わせられる人ではないのです。

人の話を聞いて笑えるほうが、器は大きいのです。


二流の男は、人の話に笑いません。

笑ったら負けだと思っているのです。

自分のほうがもっと面白い話ができるという思いがあって、話したがります。

「オレのほうが、あいつよりもっと面白い話を知っている」と言う人の話はあまり面白くありません。

## 人の話に笑える人のほうが、面白い話をたくさん持っています。

余裕のある人は、人の話に笑う寛大さがあります。

そこに勝った負けたを持ち込まないのです。

そもそも一流の人は勝っているので、勝った負けたにこだわらないのです。


一流の人は、その場のみんながどれだけハッピーになれるかを考えています。

勝ちの実感のない二流の男は、ここで負けては男がすたるという、勝ち負けへのヘンなこだわりがあります。


「ここで人の話に笑ったら自分の負けだ」と言う男は、ごはんを食べに行っても「おいしい」とは言いません。

「おいしい」と言ったら負けだと思っているのです。

人の紹介で行ったお店で「おいしい」と言ったら、自分よりおいしいお店を知っていることを認めたことになるのです。

「自分はもっとおいしいものをいつも食べている」、「もっとおいしいお店を知っている」と勝とうとして、「まあまあだね」と言います。

「おいしい、楽しい、気持ちいい、面白い」をひた隠しにして、器の小ささを感じさせてしまうのです。

一流の風格をつけるために 26

## 笑わせるより、笑おう。

27

# 一流の男は、そばで声をかけない。

映画を見ていると、主人公の男は、離れたところからヒロインに話しかけます。

飛行機の後ろの席から前の席に向けて、離れたまま会話をします。

敵は、振り返ると肩越しにニュッと現われます。

ジョージ・クルーニーも、最初は離れた席でヒロインに声をかけ、しばらく離れたまま話します。

これはお約束です。

**遠くから話しかけてくる人は、自分の味方です。**

いきなり近くにニュッと現われるのは、敵です。

これが一流と二流の差です。

二流の人は、かまわず近づいてきます。
パーソナル・スペースを守らないのです。

一流の男は、離れたところからでも先に気づいて挨拶します。
二流の男は、向こうから挨拶されて気づきます。
**自分が先に挨拶できるかどうかが、一流と二流の分かれ目です。**
パーティーでも、二流の人は相手が挨拶してきたら挨拶しようという姿勢です。
実際は、偉い人ほど自分から挨拶します。
一流の人は、自分から名乗って腰が低いのです。

一流の風格をつけるために 27
**離れたところから、声をかけよう。**

28

# 一流の男は、小さい声で話しているのに、響く。

声を聞くだけで一流か二流かがわかります。
レストランで隣からキンキンした声が聞こえてくることがあります。
声が小さいのです。
小さなスピーカーをマックスの音量にした状態です。

心地いいのは、大きなスピーカーでボリュームを小さくした状態の声です。
いいステレオでボリュームを小さくして聞けば、心地よく聞こえます。
小さいラジオのボリュームマックスは、最も耳ざわりが悪いのです。

小さい声で話しているのに響くのが、一流の人の声です。
声で分かれるのです。
見た目より、声の印象は大きいのです。
一流の人は、ゆっくり、低くて小さい声で話してもビンビン響きます。

歩くスピードと同じで、話すのもスピードが大事です。
**スピーディーに話すということは、レスポンスが速く、てきぱき話すということです。**

早口で話しても、ムダな言葉ばかりです。
響きがなくて、音だけで、カンカン話しています。
一流の人の声は、遠くで鳴る教会やお寺の鐘の音です。
遠くまで届く響きを持っているから、心地いいのです。
一流の人は、低く話せて、声が上ずったりしません。
低いのに、暗くないのです。

明るくて低い声です。

一流の男は、小さい声で話しているのに、はっきり聞こえます。


外国の一流の人はみんなボイストレーニングを受けています。

日本でボイストレーニングと言うと、カラオケ教室とアナウンサー学校の早口言葉ばかりです。

海外のボイストレーニングとは別物です。

**海外のＶＩＰは、説得力を持たせるために、ボイストレーニングをします。**

声の甲高いサッチャー首相は、さんざんボイストレーニングされました。

女性だからではなく、甲高い声を直されたのです。

アメリカの大統領もみんなボイストレーニングを受けさせられます。

「アメリカ大統領は世界の代表でもあるのに、その声で所信表明演説をされては困ります」と、ブロードウェーのボイストレーナーがつきます。

話し方のトレーニングで、大統領がこてんぱんにやられているのです。

誰が一番偉いのかわからないくらいの話し方のトレーナーが、きちんとついているのです。

スピーチライターがいるのは周知のこととしても、話し方のトレーナーに大統領が泣かされていることは誰も知りません。

そのくらい声は大切です。

企業の役員も、軍の司令官も、その声で通るかどうかが決まります。

マジシャンも、催眠術師も、いい声でないとなれないのです。

**「いい声」とは、響きのある声です。**

プレイボーイも、いい声をしています。

いい声だからプレイボーイとは限りません。

でも、声の悪いプレイボーイはいないという真理があるのです。

一流の風格をつけるために 28

**「大声になっていること」に気づこう。**

# 29

# 一流の男は、過去の実績より、未来の夢を語る。

一般に、男性は女性に比べて昔話が好きです。
飲みに行って昔話をされることほど、イヤなことはありません。
昔話といっても、かつての悪ぶった話とか、昔の成功談です。
聞いている側からすると、まったくリスペクトできない話です。
話している本人だけが悦に入っているのです。

二流の男は過去の自慢話をします。
一流の男は、「こんなことができたら、あんなことができたら」と、常に未来の話をしています。

部下は夢についていくのではありません。

**夢を語る人についていきます。**

夢はクレイジーであればあるほどいいのです。

現実的である必要は、まったくありません。

夢を持ち、語ることは、力量がいります。

過去の話と未来の話の両方をする人はいません。

これは比率の問題ではありません。

結果として、「過去の話100％の人」と「未来の話100％の人」の2通りにくっきり分かれるのです。

これが二流と一流の違いです。

部下は、常に明るい未来の話をしてくれる人についていきます。

暗い話をしたほうが賢そうに見えたり、計画の問題点をついたほうがプロっぽく感じるというのは、二流の男の完全な思い違いです。

世の中には明るいニュースも暗いニュースもあります。

**その中で、明るいニュースの情報をどれだけ持てるかです。**

ニュースや新聞を見ると、暗いニュースのほうが多いのです。

でも、全部が暗いニュースではありません。

暗いニュースばかりに感じるのは、暗いニュースを選んで見ているからです。

暗いほうにフォーカスしたほうが賢そうに見えるというのは、思い込みです。

どんな暗い世の中でも明るい兆しを見つけられることが、本当の知性なのです。

一流の風格をつけるために 29

## 未来の話をしよう。

# 4章

# 一流の男は、嫌われることを恐れない。

誰からも頼りにされるリーダーシップ

30

# 一流の男は、部下自身が気づいているミスを指摘しない。

一流と二流の男は、ほめ方よりも叱り方で差がつきます。

二流の男は、部下自身が気づいているミスに対して、「ここが間違っている」とグジグジ言い続けます。

それは誰が見てもわかることです。

一番わかっているのは本人自身です。

すでに反省もしています。

それをとやかく言われると、

「そこまで言わなくてもいいのに」

「言われなくてもわかっている」

「こっちだって、やろうと思ってやったんじゃない」

という反発現象が起こります。


大切なのは、本人が気づいていないミスを指摘することです。

気づかないミスは小さいミスです。

部下も「これぐらいはいいだろう」と思っています。


それは上司のキャリアから考えると重大なミスです。

気づかないでこのままいくと、ヤバいです。

それをきちんと気づかせてあげることが大切です。

ミスには、

**①　部下が気づいている大きなミス**

② **部下が気づいていない小さなミス**

という2通りがあります。

部下が気づいていない小さなミスを、人生の先輩として教えてあげます。

それが上司としての一流の男の役割なのです。

一流の風格をつけるために 30

**「気づいていないミス」を教えよう。**

31

# 一流の男は、失敗した部下には、「なぜそうなったか」より「これからどうするか」を聞く。

失敗した部下に対しては、「なぜそうなったか」に、上司はこだわりがちです。

そんなことをグズグズ言っても、今さらどうしようもありません。

失敗した部下には「これからどうするか」を聞きます。

そうすれば、「なぜそうなったか」という議論をグズグズしているヒマはなくなります。

「これからどうするか」には、

**① 今、この事態の解決策をどうするか**

## ②　今後、再発を防止するためにはどうするか

という2通りの意味があります。

「なぜそうなったか」という議論は、どうでもいい話です。

「これからどうするのか」を聞いて、常に前へ前へと向いていきます。

一流の男はカーナビに似ています。

カーナビは、間違って曲がり角を通りすぎても「Uターンしなさい」とは言いません。

「左に曲がって、左に曲がって」という形です。

原因や理由をこと細かく聞いたり、犯人捜しをすることは意味がありません。

「これからどうするか」を聞くことは、決して叱っていることにはならないのです。

一流の風格をつけるために 31

# ミスを、蒸し返さない。

32

# 一流の男は、1回目のミスは叱らない。

部下を叱る時は、タイミングが大切です。
部下のミスが1回目か2回目かを、きちんと見きわめます。
二流の男は、1回目のミスでショックを受けて怒り出します。
2回目以降になると、半ば諦めてしまいます。
**1回目のミスが起こるのは、新しいことにチャレンジしたからです。**
気が緩んでミスしたわけではありません。
何か新しいこと、今までやったことのないことにトライしたら、必ずミスが起こります。

一流の男は、そこで起こったミスは叱りません。

2回目に同じミスをしたら、明らかに気が緩んでいます。

ここではきちんと叱ります。

1回目のミスを叱ったら、部下は新しいことにチャレンジしなくなります。

誰でも叱られたくはありません。

叱られない方法は簡単です。

**新しいことにチャレンジしなければいいのです。**

究極、「何もしなければいい」ということになります。

1回目で叱るか、2回目で叱るかで、天地の開きがあるのです。

一流の風格をつけるために 32

## 「トライして起こるミス」を評価しよう。

33

# 一流の男は、叱ったあとの救いの一言を忘れない。

部下が自分で気づいたミスは、一流の男は、それ以上叱りません。

1分話せば、部下は気づきます。

1分以上叱るのは、上司の憂さ晴らしにすぎません。

部下がせっかく気づいたのに、反発して帳消しになるのです。

1分で切るには、上司の精神力が求められます。

1分叱ったあと、必ず「はい、ここまで」、「この件はこれで終わり」と、きちんととめることが大切です。

とめ方にもいろいろあります。

関西人は「頼むで」と言って締めます。

ヤクザの親分は、厳しいことを言ったあとで「ヘンなこと言ってごめんな」と言って抱きしめます。

最後の締め方が、一流の男と二流の男とで分かれるのです。

二流の男は、最後までグチをリフレインしたままフェードアウトします。


きちんと叱って、きちんと終わらせることが大切です。

ましてや、次の日まで引っ張って「昨日はしっかり反省したか」などと言わないようにします。


**1分叱ったあとは、叱った本人すら忘れているという状態でいいのです。**


叱ることは、ほめることより、はるかに上司の精神力が求められます。

それは、かつて自分が叱られながら覚えてきたことです。

叱っている側にはストレスがかかります。
今の時代は、逆恨みを恐れて、だんだん叱ることを避けるようになってきました。
叱られないで育つので、自分が叱る側になった時に叱れなくなるのです。

一流の風格をつけるために 33

## 叱ったあと、ほめよう。

34

# 一流の男は、部下の過ちを許す。

一流の男は、「許す力」を持っています。
許すことが、一番むずかしいのです。
「ほめる」、「育てる」の中で、「許す」は一番度量がいります。
二流の男は、許せなくて、クヨクヨします。
「なんであれが」と、心の中でモヤモヤするのです。
怒りは許せないことから生まれます。
怒り続ける人で、一流に見える人はいません。
怒っている人は二流に見えます。

にこやかにしている人は一流感があります。

誰にでもイヤなことはたくさんあります。

理不尽なこともたくさんあります。

**理不尽なことを「よくあること」と許せるのが一流の男です。**

部下がしくじったり、言ったことができていなくても、「エッ、なんで?」とは言わずに、「ゴメン、僕の指示の仕方が悪かった」と反省します。

一流の男は、プレゼンで負けても、人のせいにはしません。

「お互い、いい勉強になったね。今度勝とうぜ」と言うのです。

失敗や負けることにビクビクしていないのです。

映画『リアル・スティール』で、お父さんが子どもと一緒にロボットのボクシングの試合に行きます。

相手は圧倒的に強いロボットです。

こちらはポンコツロボットです。
お父さんは息子に「カッコよく負けようぜ」と言います。
カッコよく負けられるのが、一流です。
二流は、カッコ悪く勝ちます。

大切なことは、カッコいいか悪いかです。
勝つことでも負けることでもないのです。
人生の勝ちと負けは半々ではありません。
勝ちは1個で、負けは9個です。
世の中の人は、カッコよく負けた人を覚えています。
日本人の判官びいきは、負けた人を憐憫の情でヒーローにしているのではありません。

**カッコよく負けた人にヒーロー性を感じるのです。**

一流の男にはヒーロー感があります。

負けたからいいのではありません。

大切なのは、負け方です。

全責任を自分で負うのが、カッコいい負け方です。

笑いながら、全力を尽くして負けられるのです。

ふてくされながら負けたり、誰かのせいにして、ブツブツ言うことほどカッコ悪い負け方はないのです。

一流の風格をつけるために 34

## 部下と、一緒に勉強しよう。

# 35

# 一流の男は、嫌われることを恐れない。

叱ることには精神力と愛情が求められます。
叱る側も疲れます。
叱らなくてすむなら、そのほうがいいのです。
厳しくするよりは、優しくするほうがはるかにラクです。

ビジネススクールで、私のクラスはけっこう厳しいのです。
私は「優しくして欲しいなら、それでもいいよ」と言います。
そのほうが私もラクです。

大体あとで、「厳しいほうでお願いします」と言って、泣きながら謝りに来ます。
優しくするなら、小学生とつき合うつもりでやればいいのです。
せっかくビジネスマンとして成功しようと思って来ているのです。
厳しくやるほうが本人のためです。

「面接の達人塾」で、就活学生にアドバイスをしています。
「君ならどこに行っても通るよ」と言ってあげたら、身の上相談的にはいい人です。
**結果として、本来もっといい会社に入れたはずが、入れなくなるのです。**
誰も言わない、耳に痛いことを言うのは勇気がいることです。
嫌われるリスクも背負います。
一流の男は嫌われることを恐れないのです。

一流の風格をつけるために 35

**好かれようとして、ビクビクしない。**

36

# 一流の男は、部下の技術より、マナーを磨く。

仕事の8割の要素は、知識的なことです。

マナーは、ほぼ2割です。

仕事的には、マナーはあまり関係ありません。


ただし、一流の男はマナーが悪いことに対しては厳しいのです。

お客様から「おたくのスタッフは仕事ができないね」と言われたら、「すみません、長い目で育ててやってやってください。教えてやってください」と言います。

仕事に関しては、これから経験を積んでいけばいいのです。

一番ショックなのは「仕事はできるけど、マナーが悪いね」と言われることです。
これだけは避けたいのです。

**どこに行っても、「おたくの部下はマナーが行き届いている。仕事はできないけどね」と笑ってもらえるぐらいの路線を目指します。**

二流の男は、マナーより仕事を優先します。

マナーの土台があれば、仕事の知識や技術はあとからいくらでも乗せられます。
マナーが悪いと、いくら上に技術や知識を乗せてもうまくいきません。
一流の男は、仕事よりマナーを優先するのです。

一流の風格をつけるために 36

## 仕事より、マナーを優先しよう。

37

# 一流の男は、1人1人の部下に違うアドバイスをする。

二流の男は、10人の部下がいたら、10人に同じアドバイスをします。
それはただ自分の持論をぶちまけているだけです。
要は演説したいだけなのです。
一流の男は、1人1人に違うアドバイスをします。
AさんとBさんとで真逆のアドバイスをすることもあります。
アドバイスは、その人が今向かっている方向を見きわめてカスタマイズします。
スイカ割りと同じです。
右に行きすぎた人には「左」、左に行きすぎた人には「右」と言います。

時々、「言っていることが真逆じゃないか」と言われます。

それは当たり前のことです。

それぞれに合わせたアドバイスをしているからです。

1人1人違うことを言うためには、1人1人をよく見ている必要があります。

見方は、
① **見守る**
② **見張る**
という2通りに分かれます。

二流の男は、「見る」ことを「見張る」ことと勘違いしています。

管理とか、間違いが起こらないようにすることだと思っているのです。

「見張る」は性悪説、「見守る」は性善説です。

見張る人は、「放っておいたら必ず悪いことをする」という性悪説にのっとっています。

一流の風格をつけるために 37

# 教え魔にならない。

一流の男は、基本的には性善説にのっとって部下を信じています。

性善説だからといって、部下が間違わないわけではありません。

間違えてもいいのです。

間違えることは悪ではありません。

間違えることを通して、部下は多くのことを学び、将来、人を育てる側にまわれるのです。

38

# 一流の男は、お客様より部下を大切にする。

一流の男も二流の男も、同じように「部下を大切にしている」と言います。
それが問われるのは、お客様と部下の意見が分かれた時です。
お客様のクレームと部下の言っていることが違うことがあるのです。

そこでお客様より部下をとれる人が、一流の男です。
部下を守ったら、お客様が来なくなることもあります。
ひょっとしたら、取扱高の何億円が飛んでいく可能性もあります。
それでも部下をとるのです。

「部下を大切にしている」と言いながら、結局はお客様をとる上司には、部下はついてこなくなります。

プライオリティーの中で、何と比べて大切にされているかです。
企業人にとって一番大切なのは、お客様と得意先です。
それよりも部下を大切にできるかどうかです。
これが一流の男かどうかをためされる瞬間です。
**この瞬間は必ず来ます。**
その時に、「おまえは間違っていない」と部下に言える上司が一流なのです。

一流の風格をつけるために 38

**お客様より、部下を守ろう。**

39

# 一流の男は、部下に相談された時、「あとで」と言わない。

部下は上司にいろいろな相談ごとをします。
時には、面倒臭いこともあります。
二流の男は「忙しいから、その話はあとでゆっくり聞く」と言いがちです。
ゆっくり聞きたいから「あとで」と言うのです。

**部下からすれば、今まさにこのタイミングで聞いてもらいたいのです。**
たとえ30秒でも、今聞いてもらうことで、その上司をリスペクトできます。
上司も悪気があるわけではありません。

今は30秒しかとれなくても、夜なら1時間、来週なら2時間とれます。
長いほうがいいだろうと思っているのです。

部下が上司に求めているのは、今聞いてくれることです。
ここで一流と二流の差が分かれます。

一流の風格をつけるために 39

**自分の仕事より、部下の相談を優先しよう。**

40

# 一流の男は、「しなくていい」ことを言ってくれる。

部下に指示を出す時に、二流の男は「あれをやれ。これをやれ」と言います。
それがだんだん「あれもやれ。これもやれ」になっていきます。

時間も予算も労力も限られているのです。
部下は、その中でプライオリティーを求めています。
「全部大切」と言われても困るのです。
**優先順位は、上司にしか決められません。**
現場にとっては、どれもみな大切だからです。

上司の仕事は、しなくていいことを決めることです。

「これはやらなくていい」と言える上司が、一流の男です。

リーダーシップ研修で「リーダーシップとは何か」と聞くと、「正しいことを決められること」という答えが返ってきます。

「間違っていること」と「正しいこと」の中で「正しいこと」を選ぶのは、誰でもできます。

現実問題は、「正しいこと」と「正しいこと」から、どちらかを選ぶかです。

もっと言うと、「間違っていること」と「間違っていること」から、どちらを選ぶかです。

これは現場ではできません。

「どちらも間違っているからパス」と言うのは、二流の男です。

**間違っている2つの中から選ぶことができるのが、一流の男です。**

究極、一流の男に求められる力は、たった一言、「決断力」です。

「間違った選択をしたら、部下から信じてもらえなくなるんじゃないか」という質問が出ます。

そんな心配は不要です。

部下は、グズグズしている人にはついてきません。

それが結果的に正しい判断だったとしてもです。

**部下は、間違ったことでも堂々と決められる人についていきます。**

正しいか間違っているかではありません。

堂々と間違ってくれるクレイジーな人に、部下はついていきます。

1年後、10年後、100年後にどうなっているかはわかりません。

正しいかどうかは、常に時間の長さの中で変わるのです。

部下からすると、そんなことはどうでもいいことです。

むしろ間違ったことを思い切って言い切る人のほうが、正しいことを時間をかけて決める人よりも魅力的です。

極論・偏見・独断でもいいのです。

正しいことを選ぼうとすると、いつまでも決められません。

決められないことで、部下からリスペクトを得られなくなります。

**これからリーダーになろうとする人に、私は「間違った判断ができる人を目指せ」とアドバイスします。**

「そんなことをしたら、経営的に失敗するじゃないか」と言われます。

その瞬間に間違った判断をしてもいいのです。

自分の判断を正しいものにするために必死で頑張るのが、一流の男なのです。

一流の風格をつけるために 40

## 「しなくていいこと」を教えよう。

# 5章

# 一流の男は、貯金をまわりの人にする。

本当の価値を知る人の「お金」の使い方

# 41
# タダは、悪いものを引き寄せる。

役職がついて利権を持つようになると、いろいろなことがタダでしてもらえるようになります。

ここで二流と一流とが分かれる瞬間があります。

タダで何かをすると、結果として悪いものを引き寄せます。

それを一流の男は知っています。

「濡れ手で粟の儲け話」、「タダで何かができる」、「無料で○○」というのは、たいてい詐欺です。

お金は悪いものを引き寄せないためにあるのです。
お賽銭もそうです。
お金を払わないで何かをすることに慣れてしまった人は、二流でとまります。
若いうちは、タダでできることはそんなにありません。
そこそこの年齢になってくると危ないのです。
**タダで何かしても、きちんと貸し借りのない状態に持っていくようにします。**
これが金運的な考え方です。
その考え方が身についているかどうかが、一流の男と二流の男の違いです。

特に、お金まわりはわかりやすいのです。
タダで何かをもらうと、本人が知らないところで「ケチ」と言われます。
「ケチ」と思われることで、チャラになるのです。
どんなにお金を儲けても、「ケチ」、「金の亡者」と言われたらイメージは最悪です。
「ひとり占めした」、「自分が先にとった」、「お金、好きだよね」と言われることのマイナスで、ちゃんとチャラになるのです。

適正な価格以上の利益を得ても、儲けたことにはなりません。

「あの人はお金に細かいよね」と言われる分の対価で、結果、バランスがとれているのです。

世の中には得も損もありません。

**すべてバランスがとれています。**

過分にお金が入ったら、それと引きかえにブランドイメージは下がっています。

「ケチ」というブランドイメージを宣伝しているようなものなのです。

一流の風格をつけるために 41

## 身銭を、切ろう。

42

# 一流の男は、貯金を、まわりの人にする。

銀行に貯金をするお金があったら、まわりの人にどんどん貯金します。
知らない人にではなく、友達にごちそうしたり、投資したりするのです。
これは社交ではありません。
プレゼントもまわりの人に対する貯金です。

プレゼントのメリットは、「この人に何をしてあげたら喜んでもらえるか」と考えられることです。
誰に対しても同じモノをプレゼントする人がいます。

ひどい人になると、同じ人に去年と同じモノをあげています。
この人は、ふだんからまわりの人に貯金していないのです。

**一流の男は、相手に喜んでもらえるプレゼントができます。**

観察力と相手を喜ばせるクリエイティブ能力がなければ、サプライズなプレゼントはできないのです。

二流の男は、海外出張に行って、デューティーフリーの6個入りのお土産を買ってきます。

それをバラバラに分けてみんなに渡します。
もめごとは起こりませんが、もらった側はあまりうれしくありません。
「義理チョコはイヤだ」と言いながら、いざ自分がお土産をあげる時には何も考えていないのです。

一流の男は、特にサプライズがうまいのです。

決して高いモノをプレゼントするということではありません。

**「よく考えたな」、「これは手間がかかっているな」と思われることです。**

相手にプレゼントすることによる貯金は、利まわりが大きいのです。


一流の男と二流の男に年齢は関係ありません。

若くても一流の男もいるし、年をとっても二流の男がいます。

二流の男がだんだん修業を積み重ねて一流になるわけではありません。

若い段階で、「一流の男コース」と「二流の男コース」にくっきり分かれているのです。

生活に余裕のない若い時に一流の男コースに入る人がいます。

その人はプレゼントにお金をかけています。

自分のモノを買わずに、人にプレゼントをしているのです。

一流の風格をつけるために 42

**余裕のない時から、まわりの人にお金をかけよう。**

# 43

# 一流の男は、ヤセガマンができる。

一流の男は、お金を払う時に「安い」と言います。

高い時ほど「安い」と言うのです。

高い時に「高い」と言って、いいことは何もありません。


二流の男は、「ワッ、高いな」と言います。

「高い」と言いながら払ったお金は死にます。

お店でアクセサリーを見て、「これ、かわいい」と言った女性に、プレゼントしてあげようと手に取ったとします。

その時値札を見て、うっかり「ワッ、高いな」と言ってしまったら、女性は喜びません。

「高い」と言わなくても、ウッと言葉を失ってピクッとなっただけで、「だったら、いいです」となります。

お店の人が「このお値段になります」と言った時も、「安いじゃない」と言われれば、女性も気持ちがラクです。

プレゼントしてもらって、うれしくなります。

「安い」と言ったからといって、金額が上乗せされるわけではありません。

同じお金を払うにしても、「安い」と言えることが大切です。

**高いと感じた時ほど「安い」と言うのです。**

「この人は儲かっている」という感じが伝わります。

心の中ではビクビクしたり、ウワーッと思っていても、自分の内側が外に出ないようにします。

ウワーッと思ってもいいのです。

ウワーッと思っているにもかかわらず「安い」というヤセガマンをするのが、一流の男です。


私は、子どものころ、母親から「オシャレになるためには、暑い寒いを言わない」と教わりました。

冬もずっと半ズボンで、「寒い」とは言いませんでした。

いまだに暑い・寒いの感覚がありません。

「痛い」も言いません。

ガマンしているのではなく、「痛い」という言葉が私の中からなくなったのです。

歯医者さんに「痛かったら言ってくださいね。大丈夫ですか」と言われても「大丈夫です」と言えます。

背中は汗びっしょりです。

起き上がると台がびっしょり濡れています。

本当は痛いのです。

**でも、出てくる言葉は「大丈夫です」です。**

大切なのは、心をコントロールして、どれだけヤセガマンできるかです。

ヤセガマンしているうちに平気になります。

これも子どもの時から鍛えられたことなのです。

一流の風格をつけるために 43

## 「高い」と思った時、「安い」と言おう。

44

# 一流の男は、貯金より、自己投資にまわす。

一流の男は、貯金がありません。

貯金するお金があったら、自分にどんどん投資します。

銀行に置いておくよりは、そのお金を使って、本を読んだり、セミナーに行ったり、勉強したり、美術館に行ったり、海外旅行をしたほうがいいのです。

おいしいものを食べたとしても、自分の勉強になります。

すべて自己投資になるのです。

貯金とか財テクは外部に対する投資です。

自己投資する人はギャンブルをしません。

自分自身の人生でギャンブルをしているので、それ以外のギャンブルをする気が起きないのです。

ギャンブルが嫌いなのではありません。

逆に、ギャンブル好きです。

**究極のギャンブルは、自分に賭けることです。**

勝っても負けても楽しいのです。

他人に賭けていると、勝ったらお金が入ってくるだけで、負けたらただ悔しいだけです。

こんなつまらないことはありません。

自分への投資には、ムダなことはひとつもないのです。

おいしいものを食べてお金が消えても、最終的には文化が残ります。

文化度があるかないかが、一流と二流の分かれ目です。

経済の問題でも政治の問題でもありません。

顔が広いかどうかは「政治」の、お金をたくさん持っているかどうかは「経済」の力です。

そんなことより、会話の中にちゃんと文化の話があることが大切です。

絵画・演劇・歌舞伎・オペラなど、とりあえず何かについて話せる人が文化度のある人です。

**日常生活の中でも、文化度のある人には行動自体に詩があります。**

詩があることが余裕につながります。

太平洋戦争中、神風特攻隊が書いた遺書の締めは必ず辞世の句でした。

神風特攻隊になったのは高等教育を受けた人たちです。

「明日死ぬ」という時に辞世の句が読める余裕があったのです。

一流の風格をつけるために 44

**他人より、自分に賭けよう。**

45

# 一流の男は、本当に必要なモノにお金をかける。

イチロー選手はバットにこだわりがあります。
ほかの選手にも、バットボーイにも、自分のバットをさわらせません。
「ちょっとさわらせて」と言われたら、断るでしょう。

プロゴルファーも同じです。
同じクラブを何本もつくって、振ってみて選びます。
同じクラブでも何か違うのです。
そのぐらいこだわってつくってもらっています。

一流の風格をつけるために 45

# 飾りよりも、見えない本体にお金をかける。

一流選手の道具は、湯水のごとくお金を使ってつくられます。
ただし、バットにダイヤモンドを埋めたりはしません。
二流の男はバットにダイヤモンドを埋め込みます。
バット自体の値段は、たいしたことはありません。
結局、ほとんどがダイヤモンド代です。

一流選手が使っている道具は、本体が高いのです。
本当に必要なものにお金をかけているのです。
お金の使い方で、一流と二流が分かれるのです。

46

# 一流の男は、支払いの奪い合いをしない。

ランチしたサラリーマンが「ここは私が」、「ここは私が」とレシートの取合いをしているのはカッコ悪いものです。

一流の男は、気前よくおごり、気前よくおごられます。

「ここで埋め合わせをしよう」という作戦が頭の中で立てられて、バランスがとれるのです。

「ここでこれだけしてもらったから、今度この場でこういう形で返せる」という算段が立てられると、「ここはごちそうになります」と言えます。

これは、払うよりももっとカッコいいことです。

「今度何かで返そう」ではありません。

「今度こういう形で返そう」という具体案があるのです。


実家のスナックでも、「ここは私が払います」という場面がよくあります。

誰だって払いたいのです。

「ごはんを食べましょう」と言ったら、誘った人が払います。

ただし、「いいお店を知っているから、行きませんか」、「ぜひそこを紹介してください」という流れになることがあります。

相手がよく知っているお店に行く時は、そのお店の常連さんである人が払います。

どこでも自分がカッコいい役をとっていいというわけではないのです。

**相手にカッコいい役をとらせる人が一流です。**

どこへ行っても自分がカッコいいほうをとろうとするのは、二流です。

状況によっては、割勘がいいこともあります。

**誰かだけがいいカッコをするわけにはいかない時は割勘にするのです。**

1人が若者、3人がお金を稼いでいる大人の場合は、若者は出世払いにして、大人3人で4人分を割って払うのです。

完全割勘では、年収の違う若者がかわいそうです。

「これはストックオプションだからな。あとでお金持になったらみんなに返してもらわないと」と言いながら3人で払います。

この割勘なら、全員で割勘するよりオシャレです。

仲間意識も芽生えてくるのです。

一流の風格をつけるために 46

## たまには、おごられよう。

47

# 一流の男は、カネ離れがいい。

私の両親は、家庭でもお店のお客様をよくほめていました。

それが私の生きるモデルになっています。

両親は、食卓でその時の会話をすることで、こういう男になれと教育していたのです。

「○○さんは感じいいよね」と母親が言うと、父親は「ああ、腰が低い」と続けます。

**母親は、「頭のよさが違う。カネ払いもいい」と言います。**

お店では誰でもお金を払います。

その払い方で2通りに分かれます。
① 使った分はその場でパッと支払う人
② 渋々というふうにお財布からお金を出したり、ツケに回したりする人
同じ金額を支払うのであっても、よい払い方をする人のほうが印象はよくなります。


私は商売の家に育ったことを感謝しています。

カネ払いのよさは大切です。

腰が低い、頭がいいということに加えて、カネ払いがいいという話は、なかなか出てこないものです。


「カネ払いがいい」は「カネ離れがいい」ということでもあるのです。

カネ離れのいい人が一流になれます。

握りしめてカネ離れの悪い人は、お金が入ってきません。

**追いかけると、来ないのです。**

お金持は追いかけません。

これが、カネ離れがいいということなのです。

一流の風格をつけるために 47

## 喜んで、払おう。

# 6章

# 一流の男には、師匠がいる。

♛頂点に立つ人の「自分」の磨き方

## 48

# 二流から一流へは、意識で変えられる。

「二流の男は一流の男になれないんですか」という質問があります。

答えは「ノー」です。

意識を変えるだけでいいのです。

**間違いに気づき、変えようと思った瞬間、1秒で変えられます。**

「頭ではわかっているんだけど、変えられない」と言う人は、本当は気づいてはいないのです。

「自分の7割は二流だけど3割が一流」だと思っています。

一流か二流かは部分部分の問題ではありません。

「100％一流の人」と「100％二流の人」しかいないのです。


一流から二流へは意識で切りかえられます。

高い時計を持っているとか、そんなことは関係ありません。

何か大きなことをやって変わるのでもありません。

**一流になるためには、一流の生き方をしている人と接することです。**

お金持と接するということではありません。

お金持の中にも、一流の男と二流の男がいます。

本当に一流と思える人の生き方に触れ、今の自分との違いに気づくことが、まず大事なのです。

一流の風格をつけるために
48
**二流だなと思うことをしない。**

49

# 一流の男には、師匠がいる。

二流の人ほど自分がトップになろうとします。

誰からも教わっていないからです。

人は、より上質な暮らしをして、きちんとした生き方をする師匠がいないと、伸びないのです。

自分が頂点に立った時点でアウトです。

だから師匠が必要なのです。

本から教わったことより、人から教わったことは、はるかに身につきます。

一流の男には、一流の師匠がいます。
仕事にも、ライフスタイルにも師匠がいます。
今までよりもさらに成長するには、毎日毎日師匠に教わります。
その師匠の上にはさらに師匠がいます。
弟子がいることも大切です。
弟子を持つと、弟子の手前、一層きちんとします。
弟子にリスペクトされるためには、自分を律することです。
これが師匠・弟子の縦の流れに入っていく文化的に大切なラインです。

師匠には、師匠のいる人を選びます。
**伸び続けている人を師匠にするのです。**
縦の教育の流れに入っていけるのが、文化の流れに入っていくということです。
横のつながりよりも、縦のつながりを大切にするのが一流の生き方です。
二流の男は、横のつながりで生きています。

# 師匠を持とう。

「あいつに勝つ」、「あいつには負けない」というのは横と競争しています。

**縦の流れに入ると、競争がなくなります。**

平安時代から脈々とつながるものや、ギリシャ発祥のもの、イギリス貴族につながっていけるのが、一流の男の生き方です。

縦の生き方の流れの中に入るためには、多くの師匠を持つことです。

師匠からもっと学ぼうという姿勢が、「僕の師匠から教わったことは」という縦のDNAの流れの中に入っていくことなのです。

自分より年齢が下であったとしても、文化という鉱脈があります。

目に見えているのではなくて、地面の中でつながっているのです。

ダイヤモンドや石油のように、文化も鉱脈でつながることが大切なのです。

50

# ホンモノを持つことで、ニセモノを見分けられる。

一流の男と接することによって、一流とは何かがわかります。

ニセモノをいくら持っていても、ホンモノとの見分けはつきません。

ルイ・ヴィトンなど、ブランド品の見分け方はマニュアル化できます。

父親から最初に買ってもらった時計は、ディズニーのミッキーの時計でした。

小学生の頃、バスに乗ってミッションスクールに英語を習いに行っていたので、バスの時間も知りたいし、塾の時間に遅れてもいけないからです。

中学生になると、試験の時に使う時計として、父親のロレックスをもらいました。

ミッキーからロレックスへと、いきなり飛びすぎです。

父親は野球をやっていたので、ボールが時計のカバーガラスに当たって、少しひびが入っています。
私はいまだにその時計を持っています。

父親がロレックスを私に持たせたのは、ホンモノを教えるためです。
父親の世代は、ロレックスが一番価値があったのです。
ロレックスのニセモノとホンモノの見分け方は、マニュアルでは書けません。
**持ったらわかります**。
持った時の重さや質感がまったく違います。
重いのに、手に持った感触がやわらかいのです。
握った時に、手のひらに当たって痛くなるところが1つもありません。
ニセモノは、持った時に軽くて痛いのです。
角が当たるし、何かペラペラな感じがします。

靴でも洋服でも、ホンモノを持っていると、ニセモノは一発でわかります。
何の勉強もいりません。
文字で覚えたり、頭で覚えるものではないのです。
究極、ホンモノとニセモノの差は、気持ちいいか、気持ち悪いかの違いです。
**二流のモノでガマンしていると、二流のモノが気持ち悪くなくなります。**
一歩間違うと、二流のモノが心地よくなります。
モノはまだしも、人間でそうなったらヤバいです。
身のまわりの人がみんな二流の二流集団に入ってしまいます。
本人はそれが心地いいのです。
一流の人といると、逆に心地悪くなります。
一流の人の見分けがつかなくて、二流を一流と勘違いするようになるのです。

一流の風格をつけるために 50

**ニセモノ100個より、ホンモノ1個を持とう。**

51

# 一流の男は、いいモノを持って、いいモノを知る。

一流の男は、一流のモノを持っています。

一流のモノを持つことが最終目的ではありません。

一流のモノを持つことで、そのモノからいろいろなことを教わります。

生き方自体が「ちゃんとしなくちゃ」という気持ちになるのです。

「別にビニール傘でいいじゃん」となると、

「ジャージでもいいよね」

「ちょっとシワが入っていてもいいよね」

と、すべてのことに緩みが生まれます。

**いいモノを1個持つだけで、ほかのモノもきちんとしようと思えるのです。**

大正時代のフィルムを見ると、銀座を歩いているサラリーマンがちゃんとした格好をしています。

みんな帽子をかぶっているからです。

帽子をかぶると、ちゃんとせざるをえなくなります。

帽子をかぶってビニール傘はヘンです。

ジャガーに乗ったら、だらしない運転ができないのと同じです。

一部を変えるだけで、すべてのことに「これはいけない」と思えるようになります。

これが一流のモノを持つメリットです。

見せびらかすためのものでは、決してないのです。

一流の風格をつけるために 51

**取っておかないで、使おう。**

52

# 一流の男は、高くておいしい店を探す。

ある大富豪とごはんを食べに行くことになりました。

「中谷さんはレストランの仕事をしているから、お店をよく知っているでしょう。高くておいしいお店を教えてください」と言われました。

さすがお金持です。

「安くておいしいお店じゃないんですか」と尋ねると、「安い店はやっぱりダメでしょう。ムリがある」と言うのです。

高いだけで、まずい店もあります。

それはそれで流行っています。

行列ができていたり、予約もなかなかとれません。

それは二流の人達が行く店です。


「高くてまずい店」と「高くておいしい店」があります。

「安くてまずい店」は当たり前です。

「安くておいしい店」は、何かムリがあります。

さすが一流の人はモノの見方が違うなと思いました。

安いところに正解はありません。

**やっぱり高いところに正解があります。**


一方で、一流の人はお金のかからないプレゼントもきちんとできます。

パーティの席で1切れ残ったピザを見て、「ラップをかけて冷蔵庫に入れておいて。あとで誰かが来るかもしれないし」と言えるのです。

この感覚が大切です。

もったいないからというより、そうすればムダにならないのです。
まわりの人が二流の人ばかりになると、自分も二流に甘んじるようになります。
これが一番のマイナスです。
「お金持で二流」が一番危ないです。
その層はたくさんいます。

一流の風格をつけるために
52
## 高いモノのよさを学ぼう。

53

# 女性にプレゼントするお金で、自分を磨く。

二流の男は、10万円あったら、その10万円で女性にプレゼントします。
一流の男は、その10万円で自分のモノを買います。
一見、逆ですね。
結果として、女性にプレゼントしない男のほうがモテるのです。
10万円で女性にプレゼントする男は、自分はみすぼらしい格好をしています。
女性はそんな男と歩きたくありません。
プレゼントされたら、もちろんうれしいです。
それよりも、カッコいい人と一緒にいるほうがもっとうれしいのです。

女性にプレゼントする男は、自分はオシャレなお店に出入りしないで、安いモノばかり食べています。

女性とオシャレなお店に行くと、立ち居ふるまいがわからなくて恥をかきます。

そこではもう少し余裕を持った対応をして欲しいのです。

そのためには、自分が高いお店に出入りして、自分のためにお金を使います。

**10万円を丸ごと女性にプレゼントして、相手が喜んだら、自分はモテると勘違いしているのが二流の男です。**

一流の男は女性にプレゼントなどしません。

服はほかの男にプレゼントしてもらいます。

自分はその服を着た女性とデートすればいいのです。

一流の風格をつけるために 53

**お金を使って、勉強しよう。**

54

# 「体験」→「学習」→「体験」のサイクルに入る。

女性は、モノではなく体験を求めています。
女性に限らず、部下でも同じです。
最高のプレゼントは体験です。
モノをたくさん持つより、体験をたくさん持つほうがいいのです。
**自分自身に対しても、人に対しても、体験をプレゼントすることが大切です。**
洋服を買ってあげるより、その洋服を着て行く場所に連れていきます。
体験には人生経験と勉強が必要です。

洋服は、予算がわかっていて、ブランドショップに行けば、誰でも買えます。

その服を着て一緒に高級料理店に行っても、うまく振る舞えないと恥をかきます。

恥をかかないためには作法を学び、場数を踏むしかありません。

多くの自己投資をした上で、初めて堂々と高級料理店に連れていけるのです。

服は、お店に行って、「これはどうですか」、「それでいいです」で買えます。

何の修業も勉強もいりません。

**体験は必ず学習につながります。**

学習はまた新たな体験を生み出します。

「体験」→「学習」→「体験」のサイクルに入る人は成長します。

「お金」→「モノ」、「お金」→「モノ」の関係では、いつまでたっても成長できないのです。

一流の風格をつけるために 54

## 難しいことに、トライして体験しよう。

55

# 一流と二流の差は、教育の差。

一流か二流かは人間関係が大きいです。
知り合い、部下、子ども達まで、すべてに影響します。

一流の人の集まりと、二流の人の集まりでは、会話もまったく違います。
一流の男は本を読んでいるので、会った時に本の話が出ます。
二流の男は昨日見たＴＶの話をします。
または、インターネットだけで情報が入ってくると錯覚しています。
インターネットは簡単に情報が生まれます。

フィルターを通っていないからです。
本はでき上がるまでに時間がかかります。
しかも、あとあとまで残ります。
時間と多くの人の目を経ているので、まがいものは消えていくのです。

ボールルームダンスはマン・ツー・マンで習うと高いのです。
先生は、ダンスに一生を賭けてきています。
それを教われるのは、とんでもなく幸運なことです。

**習いごとほど安いものはないのです。**
江戸時代なら、お金を払っても教えてもらうことはできません。
一子相伝で、たった1人に秘伝を伝えるという形で流れているのです。
文化は、そうやって培われてきています。
学びや教育にいかにお金をかけるかが大事です。

一流の風格をつけるために 55

## 自分を教育しよう。

一流の男は部下の教育に一番エネルギーを注ぎます。
それは今日の日銭を稼ぐことより重要です。
社長のレベルで言うと、社員の教育にどれだけお金をかけているかです。
**優秀な社員を採ることより、入ってきた社員を一流にしていきます。**
これが教育です。
一流と二流は教育で分かれます。
持って生まれたものではありません。
生まれたばかりの赤ちゃんは、みんな同じです。
いい師匠とめぐり会えた人が一流になれるのです。

56

# 一流の男は、二流の男のいる場所に行かない。

一流になりたいのであれば、二流の人たちがいるところへ行かないように、場所を選ぶことが大切です。

安いお店は、食べられれば何でもいいという二流の人が集まっています。

二流のものは、百歩譲って食べていいのです。

ただし、二流が伝染します。

**食べ物からではなく、そこにいるマナーの悪い人から悪いマナーが伝染します。**

そこにいる人間から精神・意識が伝染するのです。

これが、二流の人とかかわらないほうがいい理由です。

意識は、風邪ひきの人が咳やクシャミで飛ばすウイルスのように、あたりを漂っています。

接触すると、負のオーラの塊になってしまうのです。

その場所に行ったほうがいいかどうかの判断に迷ったら、そこに一流の男が行くかどうかを見ればいいのです。

一流のホテルの基準は、「1組でも大人のカップルがいる」ことです。

二流のお客様ばかりが集まるホテルになってしまうと、一流のお客様は1組も来なくなります。

二流のお客様ばかり集まっているホテルは自分の行く場所ではないと一流の人は考えるからです。

**二流の中に一流が混じることはありません。**

一流のお客様が1組でも残っていたら、そこにはチャンスがあります。

一流のお客様は、二流の人とは交わらないようにしています。

負のオーラが伝染《うつ》ることを極力避けているのです。
二流の人は一流の人と交わって何とかしようします。
まず、一流の人と交わることより、二流と交わらないことのほうが大切なのです。

一流の風格をつけるために 56

## 客層で、お店を選ぼう。

# 7章

## 一流の男は、気づかれないことを誇りにする。

♛いつも余裕を感じさせる人の「心」のあり方

57

# やり直しができるパイロットは、一流。

飛行機の着陸の時に、もう1回やり直すことがあります。
これを「ゴーアラウンド」と言います。
着陸は、離陸よりはるかにむずかしいのです。
横風が左右上下からどんどん吹いています。
ゴーアラウンドできるパイロットは一流です。
ゴーアラウンドは、パイロットにとってはみっともないことです。
操縦がヘタだと思われるからです。
男は、操縦や運転がヘタなことが一番屈辱的です。

テリー伊藤さんは「僕はドライブもクルマも好きだけど、運転はヘタなんだよね」と言っていました。

これが言えるのが、テリーさんの余裕です。

ゴーアラウンドするのは、お客様の安全を第一に考えているからです。

**クルマでも、安全運転のできる男は一流です。**

スピードを出したり、追越しをかけたり、黄信号でムリに行くのは二流です。

自分の見栄に負けているのです。

運転させると、その男が一流か二流かは一発でわかります。

私がアメリカにロケに行った時に、スポーツカーがたくさん走っていました。

クルマを買う時はスポーツカーにしようと思っていました。

結局、ジャガーにしました。

ジャガーに乗ると、追越しをしたくなくなります。

ジャガーで追越しをしても、オシャレではないのです。
「急ぎの人はどうぞ」と、道を譲りたくなります。

ジャガーはそもそもお屋敷用のクルマなので、狭いところの運転がむずかしいのです。

日本車やドイツ車のほうが、はるかに運転しやすいです。
ホテルの駐車場には、1回では絶対にとめられません。
内輪差が大きいので、何回も切り返します。
これで運転がヘタに見えます。
ジャガーでは、安全に運転したくなることのほうが大切なのです。

**こだわってなかなか言えないこと、言われたら半泣きになって否定することが言えるのが、一流の男です。**
「マザコン」と言われるのは、男には屈辱的です。

それを自分で言える人は、よっぽど余裕があるのです。

デューク更家さんやビートたけしさんがそうです。

デューク更家さんは「僕は猛烈なマザコンですから、魔性の女に弱いんですよね」と言っています。

男として一番言われたくないことを自分で言えるのは、その段階をはるかに超えています。

「マザコンじゃないの？」とか「奥さんの尻に敷かれてるの？」と言われて、「そんなことない」と半泣きになって反論する人は、その時点で乗り越えられていないのです。

自分で「うちの奥さんの尻に敷かれてます」と言えることが、その人の余裕です。

さんまさんがカッコいいのは、「僕、小っちゃいですからね」と自分で言えることです。

逆に男の器の大きさを感じます。

男は大きさにこだわります。

**大きさや見栄にこだわればこだわるほど、その人の器は小さく見えます。**

「羽田へ引き返します」と言えるパイロットが、一流のパイロットなのです。

一流の風格をつけるために
57

## 苦手なものを、隠さない。

58

# 「忙しい」より、「さあ、忙しくなるぞ」。

余裕は、時間、空間、人間関係、メンタルなど、すべてのことに関係します。
余裕があるのが一流の男で、余裕がないのが二流の男です。
余裕は自信から生まれます。
自信がなければ余裕がなくなります。

**「忙しい」と口にすることが、どれだけ恥ずかしい発言かということです。**
一流と二流とでは、そもそも価値観が違います。
二流の男にとっては「忙しい」はカッコいいことです。

一流の男にとってはカッコ悪いことです。


「さあ、忙しくなるぞ」は、「今はまだ余裕がある」ということです。

「忙しい」は、いっぱいいっぱいの状態です。

「忙しくなるぞ」と「忙しい」の差は天地の開きがあります。

ここが一流の男と二流の男の違いです。


**「忙しくなるぞ」と言う人は、結局、永遠に「忙しい」とは言わないのです。**

F1のモナコグランプリのコースはトンネルの中を通ります。

そこに置かれたカメラで見ると、あるF1レーサーはあと2センチでぶつかるところでした。

「あと2センチでしたよ」と言われた時に、そのF1レーサーは「あと1センチ詰められるな」と言ったのです。

これはF1レーサーだけではありません。

一流の風格をつけるために
58

## ゴールしたあと、余裕を持とう。

自動車を輸出する運搬船は、中がびっしり詰まっています。

最初からそこに置かれているのではありません。

専門のドライバーさんが、きっちり詰めて積んでいきます。

もちろん、こすったら商品になりません。

こすらずに、なおかつヘンなスキ間をあけずに詰めていくのです。

職人さんは、常に「まだここに余裕がある」と感じています。


フルマラソンが終わって、みんながヘトヘトになっている時に、「これから友達の引越しの手伝いに行ってきます」と言える人は余裕があります。

午前中にフルマラソン、午後にもう1回フルマラソンという余裕感です。

そこに一流の男の器の大きさを感じるのです。

59

# 一流の男は、一喜一憂しない。

うれしいことがあったからといって、有頂天になることもない。
悲しいことがあったからといって、どん底にへこむこともない。
それが、一流の男です。
二流の男は、アップダウンが激しいので、まわりはしんどくなります。
同性でも異性でも、アップダウンのある人とのおつき合いは、きついものです。
しばらくすると、「あの人、わかりやすいよね」と言われます。

**わかりにくいのが、一流の男です。**

二流の男は、「タイプのコがいるとはしゃいで、タイプじゃないとへこむよね」と見られています。

一流の男は、その逆です。

たいした美人ではない女性といてもゴキゲンです。

私の友人は、年間100回合コンしています。

奥さんの手前、100回と言っていますが、本当はもっと多いのです。

結婚式で、合コンの写真が出ました。

誰とでもゴキゲンで写っていて、わけがわかりません。

器が大きいのです。

「偉いよね」と感心すると、「かわいくないからといってムッとしたら次へ続かないよ」と言います。

器の大きい男性に、選ぶという作業はないのです。

一流の風格をつけるために 59

**はしゃがない。**

60

# 一流の男は、より好みをしない。

「シンデレラ」の王子は、シンデレラを一目見ていざないます。

**キョロキョロしている王子に風格はありません。**

王子は、キョロキョロしてシンデレラを選んだのではないのです。

「シンデレラ」の王子は、政略結婚であっても、お父さんが決めた人を「いいですよ」と受け入れるタイプです。

一流の男は、たとえ銀座のクラブに行っても、キョロキョロしないで指名します。

そうしたお店へ行くという行為で、一流か二流かが分かれるのではありません。

そこでの立ち居ふるまいで一流か二流かに分かれるのです。

二流の男は、「さあ、誰かいないかな」とキョロキョロします。

目の前に女性が座っていても探しています。

目線が落ちつかないのです。


一流の男は、最初に座った女性に「今日1日、君を指名」と言います。

こうしたお店には、30分ごとに女性を指名できるシステムもあります。

そんなことは一切しないで、次に行った時も同じ女性を指名します。

150人ぐらいいても、ほかの女性には目もくれません。

「もっと見なくていいんですか」と聞かれても、「いいの。縁だから」と言います。

**一流の男は、選ばずに、最初に出会った縁を受け入れます。**

選ぶということは、縁を受け入れていません。

「隣のお客様についている女性のほうがいい」というのは、キョロキョロして選んでいます。

仕事も、迷った時点で縁や運を受け入れていません。

**一流の男は、自分に来たものをすべて受け入れます。**

もちろん、夢は持っています。

ただ、目の前に来たものを全部受け入れて、文句を言わないのです。

「何か縁があるからだろう」と、その運を活かします。

偶然のものに全力投球できるのです。

これが役に立つか役に立たないか、メリットがあるかないか、リスクがあるかないかの判断は、小さな目標を持って選ぶ作業です。

キョロキョロして、クヨクヨしています。

シンデレラの王子に一流感があるのは、キョロキョロしないからです。

バカ殿のようにノーテンキで、あれこれ考えるタイプではないところに一流感があります。

人間を信じ、自分に起こることを信じているのです。

少々いいことも悪いことも、どっちも受け入れています。

二流の男は、占い師さんに「それはいいことですか、悪いことですか」と質問します。

今、自分に起こっていることがいいことなのか悪いことなのかを常に選別しようとするのです。

**一流の男は、選別しません。**

自分に起こっていることは、いいことに違いないと信じているのです。

起こったことはいいことに持っていこうとします。

来た仕事も断りません。

せっかく来たチャンスを大切にするのが、一流の男なのです。

一流の風格をつけるために 60

## キョロキョロしない。

61

# 一流の男は、気づかれないことを誇りにする。

一流の男は、オーラを出すこともできるし、気配を消すこともできます。

**二流の男は、目立とうとします。**

そもそも目立たないから目立とうとしてアピールするのです。

パーティーでも大声で話します。

一流の男は、小さな声で話します。

オーラのある人は、「エッ、そこにいたんですか」というぐらいオーラを消すことができます。

ここで自分が目立っては邪魔になるということがわかるのです。

**「今日の主役は自分ではなくて、この人だから」、という時は、自分が目立たないようにします。**

カメレオンのごとくスッとオーラを消したり出したりすることが自由自在にできるのです。

二流の人は、オーラがない分、大声で話します。

有名人と一緒にいるところをあえて見せたり、有名人の名前を出したりします。

自分がその場にいることを自己主張するのは、自分にオーラがないことを知っているからです。

頑張って出そうとすればするほど、自分を小さく感じさせてしまうのです。

一流の風格をつけるために 61

## アピールしない。

62

# 一流の男は、1人が好き。

家に帰れない事情があるのか、みんなといつまでも一緒にいようとするのは、二流の男です。

「このあと、みんなどうするの」と聞いてまわる人を気にせず、トイレに行ったふりをして、1人でさっと帰っていいのです。

「あの人、1人で何をやっているんだろう」という気配のあるのが一流の男です。

いつも誰かと一緒にいるのは寂しがり屋です。

偉くても、常にお伴の女性、お付きの人や子分をぞろぞろ連れて大名行列をやっている人には、一流感がありません。

寂しがり屋のタイプは、大勢連れて歩くことで、偉くなった感を味わいたいのです。

それは大きな勘違いです。

ぞろぞろ連れて歩いているよりも、1人でいる人のほうがよっぽどカッコいいのです。

**高倉健さんは1人でいる感じがあります。**

みんなとワイワイしている感じもありません。

「これから飲みに行くぞ」というより、「これでみんなで飲んできて」と言って、さっといなくなります。

二次会の冒頭にいたのに、いつの間にかお金だけ払っていなくなるタイプです。

一流の男には、つき合いの悪さがあります。

サラリーマンの世界では、最後までいるのがマナーです。

トイレに行くふりをして挨拶をせずに帰るのは失礼です。

挨拶して帰ると、場が、「じゃあそろそろ」ということになります。

いつの間にか帰っているほうが、「カッコいいな。自分もああしよう」というお手本になります。

私も、見ながら覚えました。

トイレに行ったふりをして帰る人がいたのです。

その人は、まったく嫌われていません。

むしろカッコいいと言われています。

孤高感があるのです。

高倉健さんを思い浮かべるような1人でいることが大切なのです。

一流の風格をつけるために 62

## 1人になろう。

# 63 楽観的に構想、悲観的に計画、楽観的に実行。

企画をヒラメキから実行に移す段階で、楽観的な男と悲観的な男のどちらが一流なのかという問題があります。

これは3段階のタイミングで変わります。

一流の男は、第1段階の構想をする時には楽観的です。

第2段階の計画段階では、猛烈に悲観的に考えます。

第3段階の実行段階に入った時に、また楽観的にできるのです。

二流の男は、この逆です。

まず、構想段階で「そんな企画はうまくいくと思えない」と、みんなでブレストして出したアイデアをつぶします。

計画段階になると、最もうまくいく想定ばかりして、突然ユルユルになります。

いざ実行段階になると、また急に悲観的になります。

「これをやって、万が一うまくいかなかったら誰が責任とるの。僕は聞いていないよ」と、予防線を張り始めるのです。

あらゆる企画は、「構想」、「計画」、「実行」の3段階があります。

それぞれの段階において楽観と悲観をベストに組み合わせられるのが、一流の男なのです。

一流の風格をつけるために 63

**未来に明るさを感じよう。**

おわりに

64

# 一流の男は、ふだんから風格をつくる。

風格は、非日常でつくるものではないのです。

日常の中でどれだけチャレンジし、リスクをとり、修羅場をくぐり、自己責任をとっているかです。

好きなことをやりながら、ストイックです。

好きなことをやっている人は、どうしてもストイックになるのです。

イヤなことをやっている人は、いいかげんになります。

「イヤなことをやっているんだし」という言いわけもします。

好きなことをやり始めると、勉強もするようになります。
**好きなことのためならどんなことでも耐えられるし、頑張れます。**
ガマンしている感じもありません。
これが、風格です。

暑いのに汗を見せません。
努力しているのに汗を見せません。
緊張しているのに汗を見せません。
汗を背中に流すのです。
俳優が顔に汗をかかないのと同じです。
これがプロの意識です。
顔に汗をかく俳優は、プロの意識が欠けています。
ふだんの意識が風格をつくるのです。

風格は、人の一生で言うと、生きざまです。
ふだんに置きかえると、意識です。
意識を切り替えるだけで、一流にも二流にもなるのです。
一流になることもできれば、二流に転ぶこともあります。
才能ではないし、生まれでもありません。

**自分の風格は、自分が選んでいます。**

誰かが決めたことではないのです。
お金を持っても、意識が変わらなければ風格はつきません。
意識が変わると行動が変わって、今までと違うことをします。
人の話にも笑えるし、「こんなところで笑ったら負け」とは考えなくなります。
人間は、意識が服を着て歩いています。
最も大切なのが、意識です。
たとえば、宝くじが当たってお金持になった人にお金持感がないのは、意識の変革がないからです。

**夢が実現しても、意識が変わっていない人に風格はありません。**

夢を持っている人に風格があるのは、夢が実現しなくても夢に向かう意識ができ上がっているからなのです。

一流の風格をつけるために
64

**日常を、磨こう。**

# 主な作品一覧

## <ビジネス>

### 【ダイヤモンド社】

『なぜあの人はすぐやるのか』
『なぜあの人の話に納得してしまうのか［新版］』
『なぜあの人は勉強が続くのか』
『なぜあの人は仕事ができるのか』
『なぜあの人は整理がうまいのか』
『なぜあの人はいつもやる気があるのか』
『なぜあのリーダーに人はついていくのか』
『なぜあの人は人前で話すのがうまいのか』
『プラス1％の企画力』
『こんな上司に叱られたい。』
『フォローの達人』
『女性に尊敬されるリーダーが、成功する。』
『就活時代しなければならない50のこと』
『お客様を育てるサービス』
『あの人の下なら、「やる気」が出る。』
『なくてはならない人になる』
『人のために何ができるか』
『キャパのある人が、成功する。』
『時間をプレゼントする人が、成功する。』
『会議をなくせば、速くなる。』
『ターニングポイントに立つ君に』
『空気を読める人が、成功する。』
『整理力を高める50の方法』
『迷いを断ち切る50の方法』
『初対面で好かれる60の話し方』
『運が開ける接客術』
『バランス力のある人が、成功する。』
『映画力のある人が、成功する。』
『逆転力を高める50の方法』
『40代でしなければならない50のこと』
『最初の3年その他大勢から抜け出す50の方法』
『ドタン場に強くなる50の方法』
『いい質問は、人を動かす。』
『アイデアが止まらなくなる50の方法』
『メンタル力で逆転する50の方法』
『君はこのままでは終わらない』
『30歳までに成功する50の方法』
『なぜあの人はお金持ちになるのか』
『成功する人の話し方』
『超高速右脳読書法』
『なぜあの人は壁を突破できるのか』
『自分力を高めるヒント』
『なぜあの人はストレスに強いのか』
『なぜあの人は落ち込まないのか』
『なぜあの人は仕事が速いのか』
『スピード問題解決』
『スピード危機管理』
『スピード決断術』
『スピード情報術』
『スピード顧客満足』
『一流の勉強術』
『スピード意識改革』
『アメリカ人にはできない技術　日本人だからできる技術』
『お客様のファンになろう』
『成功するためにしなければならない80のこと』
『大人のスピード時間術』
『成功の方程式』
『なぜあの人は問題解決がうまいのか』
『しびれる仕事をしよう』
『「アホ」になれる人が成功する』
『しびれるサービス』
『ネットで勝つ』
『大人のスピード説得術』
『お客様に学ぶサービス勉強法』
『eに賭ける』
『大人のスピード仕事術』
『スピード人脈術』
『スピードサービス』
『スピード成功の方程式』
『スピードリーダーシップ』
『大人のスピード勉強法』
『一日に24時間もあるじゃないか』
『もう「できません」とは言わない』
『出会いにひとつのムダもない』
『お客様がお客様を連れて来る』
『お客様にしなければならない50のこと』
『30代でしなければならない50のこと』
『20代でしなければならない50のこと』
『なぜあの人の話に納得してしまうのか』
『なぜあの人は気がきくのか』
『なぜあの人は困った人とつきあえるのか』
『なぜあの人はお客さんに好かれるのか』
『なぜあの人はいつも元気なのか』
『なぜあの人は時間を創り出せるのか』
『なぜあの人は運が強いのか』
『なぜあの人にまた会いたくなるのか』
『なぜあの人はプレッシャーに強いのか』

### 【ファーストプレス】

『「超一流」の会話術』
『「超一流」の分析力』
『「超一流」の構想術』
『「超一流」の整理術』
『「超一流」の時間術』
『「超一流」の行動術』
『「超一流」の勉強法』
『「超一流」の仕事術』

### 【PHP 研究所】

『もう一度会いたくなる人の聞く力』
『30 代にやっておいてよかったこと』
『もう一度会いたくなる人の話し方』
『【図解】仕事ができる人の時間の使い方』
『仕事の極め方』
『【図解】「できる人」のスピード整理術』
『【図解】「できる人」の時間活用ノート』

### 【PHP 文庫】

『中谷彰宏　仕事を熱くする言葉』
『スピード整理術』
『入社3年目までに勝負がつく77の

［➡ p205 へ］

ある。』
『高校時代にしておく50のこと』
『中学時代にしておく50のこと』
『お金持ちは、お札の向きがそろっている。』
『明日いいことが起こる夜の習慣』

**【PHP文庫】**
『お金持ちは、お札の向きがそろっている。』
『たった3分で愛される人になる』
『自分で考える人が成功する』
『大人の友達を作ろう。』
『大学時代しなければならない50のこと』
『なぜ彼女にオーラを感じるのか』

**【三笠書房・知的生きかた文庫/王様文庫】**
『たった60分でその後の人生が変わる本』
『読むだけで気持ちが楽になる88のヒント』

**【説話社】**
『あなたにはツキがある』
『占いで運命を変えることができる』

**【大和書房】**
『結果がついてくる人の法則58』

**【だいわ文庫】**
『いい女恋愛塾』
『やさしいだけの男と、別れよう。』
『「女を楽しませる」ことが男の最高の仕事。』
『いい女練習帳』
『男は女で修行する。』

**【学研パブリッシング】**
『セクシーなお金術』
『セクシーな出会い術』
『セクシーな整理術』
『セクシーなマナー術』
『セクシーな時間術』
『セクシーな会話術』
『セクシーな仕事術』
『王子を押し倒す、シンデレラになろう。』
『口説きません、魔法をかけるだけ。』
『強引に、優しく。』
『品があって、セクシー。』
『キスは、女からするもの。』

**【KKベストセラーズ】**
『会話の達人』
『誰も教えてくれなかった大人のルール恋愛編』
『一流の遊び人が成功する』

**【阪急コミュニケーションズ】**
『いい男をつかまえる恋愛会話力』
『サクセス&ハッピーになる50の方法』

**【あさ出版】**
『「いつもでもクヨクヨしたくない」とき読む本』
『「イライラしてるな」と思ったとき読む本』
『「つらいな」と思ったとき読む本』
『なぜあの人は会話がつづくのか』

『変える力。』(世界文化社)
『なぜあの人は感情の整理がうまいのか』(中経出版)
『人は誰でも講師になれる』(日本経済新聞出版社)
『会社で自由に生きる法』(日本経済新聞出版社)
『全力で、1ミリ進もう。』(文芸社文庫)
『だからあの人のメンタルは強い。』(世界文化社)
『「気がきくね」と言われる人のシンプルな法則』(総合法令出版)
『だからあの人に運が味方する。』(世界文化社)
『だからあの人に運が味方する。(講義DVD付き』(世界文化社)
『なぜあの人は強いのか』(講談社+α文庫)
『占いを活かせる人、ムダにする人』(講談社)
『贅沢なキスをしよう。』(文芸社文庫)
『3分で幸せになる「小さな魔法」』(マキノ出版)
『大人になってからもう一度受けたいコミュニケーションの授業』(アクセス・パブリッシング)
『運とチャンスは「アウェイ」にある』(ファーストプレス)
『「出る杭」な君の活かしかた』(明日香出版社)
『目力の鍛え方』(ソーテック社)
『お掃除デトックス』(ビジネス社)
『大人の教科書』(きこ書房)
『モテるオヤジの作法2』(ぜんにち出版)
『かわいげのある女』(ぜんにち出版)
『恋愛天使』(ﾒﾃﾞｨｴｲｼｮﾝ・飛鳥新社)
『魔法使いが教えてくれる結婚する人に贈る言葉』(グラフ社)
『魔法使いが教えてくれる愛されるメール』(グラフ社)
『壁に当たるのは気モチイイ　人生もエッチも』(サンクチュアリ出版)
『ハートフルセックス』【新書】(KKロングセラーズ)
『キスに始まり、キスに終わる。』(KKロングセラーズ)
『遊び上手が成功する』(廣済堂文庫)
『元気な心と体で成功を呼びこむ』(廣済堂文庫)
『成功する人しない人』(廣済堂文庫)
書画集『会う人みんな神さま』(DHC)
ポストカード『会う人みんな神さま』(DHC)
『「お金と才能」がない人ほど、成功する52の方法』(リヨン社)
『「お金持ち」の時間術』(リヨン社)
『ツキを呼ぶ53の方法』(リヨン社)

## <面接の達人>

**(ダイヤモンド社)**
『面接の達人　バイブル版』
『面接の達人　面接・エントリーシート問題集』

法則』

【三笠書房】
『[最強版]あなたのお客さんになりたい!』

【三笠書房・知的生きかた文庫/王様文庫】
『お金で苦労する人しない人』

【オータパブリケイションズ】
『せつないサービスを、胸きゅんサービスに変える』
『ホテルのとんがりマーケティング』
『レストラン王になろう2』
『改革王になろう』
『サービス王になろう2』
『サービス刑事』

【ビジネス社】
『あなたを成功に導く「表情力」』
『幸せな大金持ち　不幸せな小金持ち』
『右脳でオンリーワンになる50の方法』
『技術の鉄人　現場の達人』
『情報王』
『昨日と違う自分になる「学習力」』
『20代でグンと抜き出る ワクワク仕事術66』(経済界・経済界新書)
『会社を辞めようかなと思ったら読む本』(主婦の友社)
『「反射力」早く失敗してうまくいく人の習慣』(日本経済新聞出版社)
『大きな差がつく小さなお金』(日本文芸社)
『35歳までにやめる60のこと』(成美堂出版)
『人生を変える 自分ブランド塾』(成美堂出版)
『伝説のホストに学ぶ82の成功法則』(総合法令出版)
『富裕層ビジネス　成功の秘訣』(ぜんにち出版)
『リーダーの条件』(ぜんにち出版)
『成功する人の一見、運に見える小さな工夫』(ゴマブックス)
『転職先はわたしの会社』(サンクチュアリ出版)
マンガ版『ここまでは誰でもやる』(たちばな出版)
『人を動かすコトバ』(実業之日本社)
『あと「ひとこと」の英会話』(DHC)
『オンリーワンになる仕事術』(KKベストセラーズ)
『子どもの一生を決める46の言葉のプレゼント』(リヨン社)

## <恋愛論・人生論>

【中谷彰宏事務所】
『感謝の星』
『リーダーの星』
『楽しい人生より、人生の楽しみ方を見つけよう。』
『運命の人は、一人の時に現れる。』
『ヒラメキを、即、行動に移そう。』
『徹底的に愛するから、一生続く。』
『断られた人が、夢を実現する。』
『「あげまん」になる36の方法』

【ダイヤモンド社】
『なぜあの人は逆境に強いのか』
『25歳までにしなければならない59のこと』
『大人のマナー』
『あなたが「あなた」を超えるとき』
『中谷彰宏金言集』
『「キレない力」を作る50の方法』
『お金は、後からついてくる。』
『中谷彰宏名言集』
『30代で出会わなければならない50人』
『20代で出会わなければならない50人』
『あせらず、止まらず、退かず。』
『「人間力」で、運が開ける。』
『明日がワクワクする50の方法』
『なぜあの人は10歳若く見えるのか』
『テンションを上げる45の方法』
『成功体質になる50の方法』
『運のいい人に好かれる50の方法』
『本番力を高める57の方法』
『運が開ける勉強法』
『ラスト3分に強くなる50の方法』
『できる人ほど、よく眠る。』
『答えは、自分の中にある。』
『思い出した夢は、実現する。』
『習い事で生まれ変わる42の方法』
『30代で差がつく50の勉強法』
『面白くなければカッコよくない』
『たった一言で生まれ変わる』
『なぜあの人は集中力があるのか』
『健康になる家　病気になる家』
『泥棒がねらう家　泥棒が避ける家』
『スピード自己実現』
『スピード開運術』
『破壊から始めよう』
『失敗を楽しもう』
『20代自分らしく生きる45の方法』
『受験の達人2000』
『お金は使えば使うほど増える』
『本当の自分に出会える101の言葉』
『大人になる前にしなければならない50のこと』
『会社で教えてくれない50のこと』
『学校で教えてくれない50のこと』
『大学時代しなければならない50のこと』
『昨日までの自分に別れを告げる』
『人生は成功するようにできている』
『あなたに起こることはすべて正しい』

【PHP研究所】
『中学時代がハッピーになる30のこと』
『頑張ってもうまくいかなかった夜に読む本』
『仕事は、こんなに面白い。』
『14歳からの人生哲学』
『チャンスは「あたりまえ」の中にある。』
『受験生すぐにできる50のこと』
『高校受験すぐにできる40のこと』
『お金持ちは、払う時に「ありがとう」と言う。』
『20代にやっておいてよかったこと』
『ほんのささいなことに、恋の幸せが

[➡ p204へ]

中谷彰宏（なかたに　あきひろ）
1959年大阪府生まれ。84年早稲田大学第一文学部演劇科を卒業。博報堂に入社し、CMプランナーを務める。91年独立し、中谷彰宏事務所を設立。著作は『人は誰でも講師になれる』（日本経済新聞出版社）、『20代でグンと抜き出るワクワク仕事術66』（経済界）など、900冊を超す。【中谷塾】を主宰し、全国で、ワークショップ、講演活動を行なう。大前研一氏の「アタッカーズ・ビジネススクール」や、ビジネス・ブレークスルー「ビジネスマン健康カレッジ」などの講師としても活躍。

※本の感想など、どんなことでも、お手紙を楽しみにしています。
他の人に読まれることはありません。**僕は、本気で読みます。**

〒113-0033　文京区本郷3-2-12　御茶の水センタービル
日本実業出版社　編集部気付　中谷彰宏　行
※食品、現金、切手等の同封は、ご遠慮ください

【中谷彰宏　公式サイト】http://www.an-web.com/

一流《いちりゅう》の男《おとこ》　一流《いちりゅう》の風格《ふうかく》

2013年3月10日　初版発行
2015年2月1日　第5刷発行

著　者　中谷彰宏

発行者　吉田啓二

発行所　株式会社日本実業出版社　東京都文京区本郷3－2－12　〒113-0033
大阪市北区西天満6－8－1　〒530-0047

編集部　☎03－3814－5651
営業部　☎03－3814－5161　振　替　00170－1－25349
http://www.njg.co.jp/

印刷／三晃印刷　製本／共栄社

この本の内容についてのお問合せは、書面かFAX（03－3818－2723）にてお願い致します。
落丁・乱丁本は、送料小社負担にて、お取り替え致します。

ISBN 978-4-534-05055-7　Printed in JAPAN